Devenez la personne que vous rêvez d'être

Distribution:

Pour le Canada:

Les messageries ADP
955, rue Amherst
Montréal (Québec)
H2L 3K4
Tél.: (514) 523-1182

Pour la France:

Dilisco
122, rue Marcel Hartmann
94200 Ivry-sur-Seine
Paris (France)
Tél.: (1) 49 59 50 50

Pour la Belgique:

Vander, s.a.
321, avenue des Volontaires
B-1150 Bruxelles (Belgique)
Tél.: (32-2) 762 9804

Cet ouvrage a été publié sous le titre original:
YOU CAN BECOME THE PERSON YOU WANT TO BE
Par Hawthorn Books, Inc., New York, N. Y. 10016

Dépôts légaux: 2e trimestre 1993

Première édition, 1993 (format poche)

Bibliothèque nationale du Québec
Bibliothèque nationale du Canada

Conception graphique de la couverture:
SERGE HUDON

ISBN: 2-89225-226-1

Robert H. Schuller

Devenez la personne que vous rêvez d'être

Les éditions Un monde différent ltée
3925, Grande-Allée
Saint-Hubert (Québec)
Canada J4T 2V8
(514) 656-2660

À mon bon ami
Norman Vincent Peale qui,
plus que tout autre pasteur de notre siècle,
a su enseigner à des millions de gens
à croire qu'ils pouvaient devenir les êtres
que Dieu a voulu qu'ils soient.

Reconnaissance

Des remerciements sont offerts à l'émission télévisée Hour of Power qui a permis de citer le credo du Penseur des Possibilités. Certaines parties de ce livre avaient déjà été publiées par Hour of Power, sous le titre de Become a Possibility Thinker Now. (Devenez un Penseur des Possibilités maintenant).

Table des matières

Introduction

Oui, c'est possible!

Est-il possible pour un homme de cinquante-neuf ans, souffrant d'un excédent de poids, qui n'a jamais été un athlète, qui a l'air et qui se sent bien plus vieux que son âge, est-il possible pour un tel homme de battre un record de course à pied sur longue distance?

Est-il possible à une étudiante du secondaire, médiocre en chimie, de suivre les cours les plus compliqués de chimie organique à l'université?

Une quadriplégique atteinte de paralysie cérébrale peut-elle apprendre à marcher? Un jeune homme qui a abandonné ses études peut-il devenir un des meilleurs chirurgiens-neurologues au monde? Un orphelin noir peut-il devenir un médecin très recherché?

Nombreux sont ceux qui répondraient non à ces questions surtout s'ils ont l'habitude de penser de façon négative. Mais je connais les personnes qui ont accompli ces miracles et je sais comment elles y sont arrivées.

Prenez cet exemple: Elle vient d'avoir vingt ans. Elle arrive à Los Angeles ne parlant que l'espagnol et elle n'a que sept dollars en poche. Elle a réussi à économiser quatre cents dollars, elle s'est ouvert un petit restaurant qui a donné naissance à une énorme entreprise rapportant des millions de dollars et elle est ensuite devenue trésorière des États-Unis! Est-ce possible? Eh bien, c'est une histoire vécue! (Elle s'appelle Romana Banuelos.)

Est-il possible de trouver la joie et le bonheur lorsque la personne que vous avez aimée plus que tout au monde disparaît? «À la mort de mon mari, j'ai voulu mourir moi aussi. Je n'avais plus aucun désir de vivre, jusqu'à ce que Dieu me donne le miracle d'une vie nouvelle», a déclaré Doris Day. Alors, elle a recommencé à vivre.

Ravivez vos rêves
Dès aujourd'hui!

Avez-vous déjà rêvé à des choses que vous aimeriez faire, pour ensuite tout oublier? Avez-vous essayé un travail, puis un autre, pour échouer et en arriver à la conclusion que vos rêves n'étaient pas réalistes? Êtes-vous déçu, découragé, mécontent de votre niveau de réussite? Êtes-vous, au fond de vous, honteux de votre statut social actuel? Aimeriez-vous vous améliorer, être une personne plus agréable? Aimeriez-vous apprendre comment être fier de vous tout en préservant votre humilité? Alors, commencez à rêver! Oui, c'est possible! Vous pouvez devenir la personne que vous avez toujours rêvé d'être!

Comment? Il y a un SECRET, il y a un MOYEN de changer des rêves impossibles en réalités fantastiques. C'est ce que moi j'appelle la *Pensée des Possibilités*. Il y en a qui parlent de foi. Jésus a dit: «Si vous avez la foi la grosseur d'un grain de moutarde, vous pourriez déplacer des montagnes. Et rien ne vous sera jamais impossible!»

Voici comment cela fonctionne. Lorsqu'une personne commence à croire que cela pourrait être possible, d'une certaine façon, quelque part, un jour, en ce moment magique de la *Pensée des Possibilités*, trois miracles se produisent: (1) Les cellules du cerveau à la recherche des opportunités se mettent en marche! (2) Les cellules du cerveau qui résolvent les problèmes reprennent vie. (3) Les produits chimiques de la détermination et de l'enthousiasme sont relâchés dans le sang! Je vous affirme que cela fonctionne, à condition de vous y mettre à fond!

Je vous offre une échelle

Devant vous, il y a maintenant une échelle visible. Elle s'élève de plus en plus haut. Montez sur le premier échelon. Parfait. Vous commencez à vous élever. Vous allez devenir la personne que vous rêvez d'être!

Plus vous montez, plus vous verrez loin! Bientôt, il y aura une montée de confiance en vous.

Des surprises incroyables vous attendent en haut de l'échelle. *Commencez aujourd'hui,* sinon vous serez comme cet homme qui disait: «Mon Dieu, épargnez-moi le tourment de voir les chances que j'ai manquées parce que je n'avais pas la foi pour y croire et m'y mettre.»

Votre esprit conscient est comme une digue qui retient un océan de possibilités inimaginables, encore non découvertes, encore non développées. Tout ce que je vous demande de faire pour le moment, c'est de creuser un tout petit trou dans cette digue. Je vous demande de faire cela au moment où vous décidez d'essayer cette *Pensée des Possibilités*.

1

Vous pouvez devenir la personne que vous rêvez d'être

Avez-vous parfois le pénible sentiment de n'avoir pas accompli autant que vous auriez pu le faire? Vous arrive-t-il de croiser des personnes moins douées que vous, moins intelligentes, moins énergiques, moins compétentes mais qui réussissent mieux que vous?

Avez-vous déjà pensé que vous pourriez avoir une vie plus agréable que celle que vous menez? Se pourrait-il, vous demandez-vous, que vous manquiez la cible et que vous ne receviez pas votre part? Qu'est-ce qui ne va pas? Qui doit-on blâmer. Votre degré d'accomplissement demeure trop bas sur le tableau de pointage? Si un rêve est mort en vous, qui l'a tué? Comment se fait-il que vous n'ayez pas réussi à progressé, plus loin, plus vite?

Comment commencer?

Comment commencer pour devenir la personne que vous rêvez d'être? Premièrement, vous devez analyser les forces négatives qui vous ont retenu. Trouvez les raisons de votre inertie. Vous devez absolument reporter le blâme là où il doit être avant de pouvoir corriger la situation.

Avez-vous déjà joué à *trouver le méchant?* Si l'on vous a enseigné, ou si vous avez tendance à blâmer une catégorie ou un groupe de gens qui n'ont pas les mêmes croyances que vous, qui ne sont pas de la même couleur que vous, vous commettez une grave erreur. Il y a trop de gens dans la même situation qui réussissent en dépit des handicaps et des préjugés.

Essayons encore une fois: «C'est à cause du système capitaliste.» C'est faux. En dépit de ses défauts, notre système de libre entreprise, plus que n'importe quel autre système au monde, vous laisse la liberté de choix d'essayer de devenir tout ce que votre coeur désire.

«C'est l'hérédité. C'est à cause de mon éducation.» Ridicule! Vous avez un cerveau qui se compose de milliards de cellules! C'est un instrument qui offre des possibilités incalculables; un ingénieur a estimé qu'il faudrait une bâtisse de plusieurs arpents de superficie pour abriter les ordinateurs qui remplaceraient le plus imbécile des cerveaux humains! Malgré tout, bien que vous ayez à votre disposition le meilleur des ordinateurs au monde, il vous manquerait encore les données personnelles de la puissance génératrice que *tout* être humain possède.

«C'est la société qui m'empêche de réussir.» Désolé! C'est là une généralisation négative qui ne tiendra devant aucun tribunal de la réalité. Les centaines de milliers de personnes défavorisées qui réussissent merveilleusement bien dans notre société actuelle changent cet argument en excuse. Souvenez-vous bien de ceci: *Vous ne résoudrez jamais votre problème tant que vous n'aurez pas trouvé le vrai coupable!* Posez-vous cette question: Si d'autres gens placés dans de pires situations que moi réussissent, POURQUOI PAS MOI?

La véritable puissance opprimante de la société humaine est la *Pensée des Impossibilités*. La personne véritablement opprimée est *celle qui pense en termes d'impossibilité*. Le Penseur des Impossibilités est celui qui, lorsqu'il détecte une lacune dans une idée, un plan, un organisme, une institution, une tradition, une personne, existants ou à venir, décide d'abandonner, d'abolir ou d'éliminer!

Le *Penseur des Possibilités* libéré du perfectionnisme sait que tout plan, idée, organisme, institution, tradition et personne a ses lacunes. «Quel est le côté positif?» se dit-il. «Cette idée a-t-elle une valeur positive?» demande-t-il. Si la réponse est positive, il commence à analyser et à réussir. Il assume qu'il doit y avoir un moyen de séparer, d'isoler, d'éliminer, de transformer le côté négatif de la situation. Il croit qu'en faisant le tour de toutes les possibilités, il découvrira ou inventera un moyen d'isoler, d'activer, de cultiver ou de récolter les valeurs positives. C'est ce que j'appelle l'*Exploitation sanctifiée*.

Un Penseur des Possibilités ne dit jamais non à une idée qui a un aspect positif. Avant de voter oui pour une possibilité positive farcie de problèmes, il va modifier, qualifier ou retarder mais il ne votera *jamais* non à une idée qui contient la semence de quelque chose de bien! L'impossibilité n'est pas une raison valable pour rejeter une idée qui a un potentiel positif.

La créativité commence là où le Penseur des Possibilités affronte les problèmes d'une idée positive que tout le monde considère comme impossible. En d'autres mots, il ne rejette pas le minerai avec la gangue.

Le Penseur des Possibilités ne se détourne d'une idée que lorsque les solutions vont à l'encontre de son système de valeurs morales, religieuses et professionnelles.

Vous devenez votre propre tyran lorsque vous livrez votre volonté aux pensées négatives que vous laissez pénétrer dans les régions sacrées et sans défense de votre esprit! C'est dans ces moments de faiblesse, c'est par ces actes irresponsables que vous devenez votre propre oppresseur. Vous, et personne d'autre que VOUS, avez la puissance de recevoir, d'accueillir et d'entretenir les pensées négatives, destructrices de rêves qui vous font fuir vos chances et vous empêchent de réussir.

De tous ceux qui vivent sur cette terre, il n'y a qu'une seule personne qui a le pouvoir de voter la mort de vos rêves. Cette personne, c'est VOUS. C'est *vous* qui donnez la sentence de mort à vos rêves lorsque *vous* décidez d'abandonner tout espoir, d'arrêter d'essayer, de tout lâcher.

La cage au tigre de votre esprit

Vous commencez à vivre lorsque vous réveillez et libérez votre potentiel endormi.

Qu'est-ce que la cage au tigre? Un soldat de la guerre du Viêt-nam a répondu à cette question devant un auditoire suspendu à ses lèvres. Pendant quatre ans, il a été prisonnier de guerre dans une cage au tigre des Viet-Cong. Étant donné que les guérilleros communistes du Viêt-nam du Sud se déplaçaient sans arrêt dans la jungle, ils plaçaient leurs prisonniers de guerre non pas dans des camps fixes mais dans des petites prisons portatives qu'ils pouvaient emporter facilement. C'est comme ça qu'a été inventée la cage au tigre. Faites de tiges de bambou, ces petites prisons avaient en moyenne cinq pieds de long et quatre pieds de large, ce qui est trop petit pour permettre à un Américain de s'étirer.

Année après année, jusqu'à six ans dans l'un des cas, les prisonniers américains restèrent à l'étroit, entassés et confinés dans ces petites prisons portatives. «Une nuit, j'ai réussi à défaire une tige de bambou. C'était tout ce qu'il fallait pour que je puisse sortir et recouvrer ma liberté», a raconté le pilote devant un public ravi.

J'observai les visages de tous ces gens à l'aise, assis dans la salle de réception de cet hôtel californien et ce que j'ai vu, ce n'est pas seulement un pilote mais des centaines de personnes qui étaient prisonnières dans des cages au tigre de leur fabrication.

Dans l'esprit de chacun de nous, il y a d'immenses possibilités qui n'ont jamais été exploitées. Aucune puissance au monde n'est supérieure à celle que l'homme a de rêver, de visualiser et d'imaginer. Il n'y a pas de souffrance humaine plus grande que celle de voir des êtres humains vivre et mourir, sans avoir jamais libéré les pouvoirs prisonniers d'une imagination créatrice donnée par Dieu. Depuis l'enfance jusqu'à l'âge adulte en passant par l'adolescence, nous nous efforçons de bâtir une cage au tigre autour de notre esprit et de refréner toute notre puissance créatrice. C'est ce qui pourrait expliquer, comme le prouvent certains tests, pourquoi certains enfants arrivent à dépasser des directeurs de compagnies pour résoudre des problèmes compliqués. Plus nous avançons dans la vie, plus nous *enfermons* notre imagination créatrice.

Pour devenir la personne que vous rêvez d'être, vous devez d'abord écarter les barreaux de votre esprit. Dans ce livre, vous allez apprendre comment desserrer, enlever et finalement supprimer les barreaux pour vous libérer de votre cage au tigre mentale.

Éliminez la peur de l'échec

L'un des gros barreaux de la cage au tigre mentale est celui de la *peur de l'échec.* Rien ne bloque autant la créativité dynamique que cette peur. Pourquoi? Parce que la peur de l'échec est en fait une peur de la gêne. L'un des plus grands besoins de l'être humain est celui du respect de lui-même. Exposer notre dignité à la possibilité du ridicule est un risque que nous évitons d'instinct! Nous avons tendance à être prudent et à éviter la possibilité d'une honte publique en ne nous donnant même pas la chance d'essayer.

Débarrassez-vous de ce concept négatif. Voici comment faire. Souvenez-vous que le crime, ce n'est pas d'échouer, mais de viser trop bas.

Ne pas gagner
n'est pas un péché!

Essayer de faire quelque chose de merveilleux et échouer peut être l'une des plus belles expériences de votre vie! J'aime rencontrer des gens qui ont osé essayer!

J'ai souvent pensé à créer un prix national qui serait donné tous les ans, un prix qui serait nommé *Le Prix de l'échec le plus glorieux de l'année.* Je le remettrais à l'homme, à la femme, au garçon ou à la fille qui aurait essayé avec courage quelque chose qui présentait des obstacles impossibles à surmonter et qui aurait perdu! En fait, ces personnes sont loin d'être des ratées! Elles réussissent, avec honneurs, en tant que personnes! Car l'échec, ce n'est pas de ne pas être arrivé au but. Le véritable échec est de ne pas aller aussi loin que vous le pouvez.

Nul ne pourra jamais savoir s'il a réussi à moins d'avoir connu un échec apparent. Le sauteur à la perche ne pourra jamais être certain d'être allé aussi haut qu'il le peut tant qu'il n'aura pas fait tomber la barre! Placez vos buts de plus en plus haut, jusqu'à ce que vous ratiez! C'est alors que vous saurez que vous avez atteint votre maximum. Vous réussissez véritablement le jour où vous semblez échouer.

Apprenez les trucs pour résoudre vos problèmes

Avez-vous une tendance naturelle à laisser vos problèmes vous empêcher de rêver? C'est là un autre barreau qui doit être enlevé. Il faut absolument que vous mettiez au point une philosophie sensée et réaliste qui vous permettra de résoudre vos problèmes.

Réglez vos problèmes ou
vos problèmes vont vous dérégler

Si une seule des vérités énoncées dans ce livre doit vous impressionner, que ce soit la suivante: Ne livrez jamais votre vie aux problèmes, que ces derniers soient réels ou imaginaires. Les Penseurs des Possibilités trouvent une motivation dans les problèmes. Ils savent que chaque problème offre la chance d'être créatif. Les problèmes arrêtent les penseurs négatifs; les problèmes fouettent les Penseurs des Possibilités. Les problèmes paralysent les Penseurs des Impossibilités. Les problèmes mobilisent les Penseurs des Possibilités. Prenez cette décision immédiatement: ne laissez pas vos problèmes vous empêcher de rêver! Vous n'avez qu'à penser que si vous êtes assez intelligent pour imaginer un problème, vous êtes assez intelligent pour le résoudre! N'oubliez pas: si votre imagination élimine les problèmes aussi vite qu'elle crée les opportunités, c'est bien! C'est peut-être le moyen pris par Dieu pour voir si vous avez assez de foi pour commencer. Si vous voyez de grands obstacles entourant des possibilités, c'est merveilleux! Cela donne une chance à Dieu d'accomplir des miracles! Il se produit des millions de miracles par jour. Pourquoi n'exigeriez-vous pas votre part?

La tyrannie des mauvais souvenirs

La cage au tigre de votre esprit aurait-elle comme barreau la tyrannie des mauvais souvenirs? Les souvenirs des anciennes blessures et déceptions, les échecs passés vous hantent-ils? Vous n'avez pas à livrer votre avenir à ces forces négatives. Que les mauvais souvenirs meurent. Ne laissez pas ces fantômes prendre les commandes de votre esprit.

Que ce soit vos rêves et non pas vos regrets qui dirigent votre vie. Libérez votre imagination créatrice emprisonnée de la tyrannie des souvenirs démoralisants. Aujourd'hui une aventure nouvelle commence. Imaginez les choses merveilleuses qui peuvent vous arriver demain. Bientôt, vous aurez un nouveau passe-temps, celui de collectionner les bons souvenirs! Ce sera un autre barreau de moins dans la cage au tigre! N'ayez pas peur de faire de mauvaises expériences en allant de l'avant. Craignez plutôt de rater votre chance d'avoir une vie heureuse si vous n'osez pas!

Bâtissez une solide confiance en vous

Un autre barreau de la cage au tigre qui affaiblit notre créativité est le manque de confiance en nous. Si vous vous pensez inférieur aux autres, vous allez échouer. Si vous pensez que les problèmes vont vous bloquer et vous vaincre; que si vous essayez, vous allez encore avoir de la peine, vous vous bâtissez une autre barrière opprimante. «Je n'y arriverai jamais. Cela ne marchera pas!» Une image de vous négative est un autre barreau de la cage au tigre de votre esprit.

Rompez ce lien par des affirmations puissantes:

«Si Dieu est avec moi, qui peut être contre moi?»

«Je peux tout faire, grâce à Jésus qui m'en donne la force.»

«Tout est possible à celui qui a la foi.»

J'ai réussi à me libérer des chaînes de l'infériorité et à acquérir cette confiance en moi grâce à deux versets de la Bible.

J'en suis sûr d'ailleurs, celui qui a commencé en vous cette oeuvre excellente en poursuivra l'accomplissement jusqu'au Jour du Christ Jésus. (Phil 1:6) (Il vous a donné la volonté, l'espoir, le rêve, le désir. Il vous donnera le secret, la force et la compétence nécessaires à la réussite!)

Dieu est là qui opère en vous à la fois le vouloir et l'opération même, au profit de ses bienvaillants desseins. (Phil. 2:13)

Mémorisez ces versets de la Bible et saturez-en votre pensée.

Un touriste marchait le long d'un quai lorsqu'il vit un pêcheur sortir un gros poisson de l'eau, le mesurer et le rejeter. Il attrapa un autre poisson, plus petit, le mesura et le mit dans son seau. Tous les gros poissons qu'il attrapait et qui mesuraient vingt-cinq centimètres ou plus, il les rejetait. Tous les poissons de moins de vingt-cinq centimètres, il les gardait. Intrigué, le promeneur l'interrogea. «Excusez-moi, mais pourquoi gardez-vous les petits et jetez-vous les gros?» Le vieux le regarda et l'air sérieux lui répondit: «Pourquoi? Parce que ma poêle à frire ne mesure que vingt-cinq centimètres de diamètre!»

C'est stupide? Bien sûr. Mais pas plus que rejeter toutes vos grandes idées et vos plus beaux rêves parce que votre expérience est limitée, parce que vous n'avez pas confiance en vous suffisamment du moins pour saisir les chances que Dieu place sur votre chemin!

Développez-vous. Pensez grand. Les grandes choses arrivent à ceux qui pensent grand. Il n'arrive jamais rien de fantastique à ceux qui ont des petites idées.

Vous pouvez devenir la personne que vous rêvez d'être. C'est possible. Vous allez vous en rendre compte lorsque vous commencerez à vous libérer de la cage au tigre de votre Pensée des Impossibilités.

Joignez-vous aux membres de la grande aventure qui est celle de découvrir la vie merveilleuse que Dieu a prévue pour vous. Joignez-vous aux rangs des personnes énergiques, enthousiastes et jeunes, joignez-vous aux Penseurs des Possibilités!

Les dix commandements des Penseurs des Possibilités.

Il y a dix règlements que vous devez respecter en lisant ces pages. Si vous passez outre, vous vous privez d'une émotion incroyable, de la réussite et du succès. Ces principes, je les appelle les dix commandements des Penseurs des Possibilités. Il est essentiel que vous les sachiez dès maintenant, dès le départ, avant même de modifier votre façon de penser.

1. Jamais vous ne rejetterez une idée parce que *C'est impossible.*
2. Jamais vous ne rejetterez une idée parce qu'elle comporte des problèmes, ou attendrez pour commencer d'avoir trouvé la solution à tous les problèmes.

3. Jamais vous ne vous opposerez à une possibilité uniquement parce que vous n'avez jamais vécu une telle expérience ou parce que vous ne voyez pas comment la réaliser.

4. Vous n'entraverez jamais un plan uniquement parce qu'il implique un risque d'échec.

5. Vous ne vous appliquerez jamais à rejeter une bonne idée parce que vous y voyez un côté négatif.

6. Vous ne démolirez jamais une idée créatrice pour la seule raison que personne n'a réussi à la perfectionner.

7. Vous ne déclarerez jamais qu'un concept constructif est impossible parce que vous n'avez pas le temps, l'argent, l'intelligence, l'énergie, le talent ou la compétence nécessaires à l'exploiter.

8. Vous ne rejetterez jamais un plan ou un projet pour la seule raison qu'il est encore imparfait.

9. Vous ne résisterez pas à une proposition pour la seule raison que vous n'y aviez pas pensé avant, que les honneurs ne vous en reviendront pas, que vous n'en tirerez pas personnellement parti ou que vous ne vivrez pas assez longtemps pour en voir la concrétisation et en jouir.

10. Vous n'abandonnerez jamais parce que vous êtes à bout de ressources; faites une mise au point et poursuivez votre route.

Maintenant, commencez à rêver! Soyez sûr que vos rêves sont assez grands pour que Dieu y ait sa place!

2

Fixez vos buts et laissez-les vous élever

Quels seraient les buts que vous vous fixeriez si vous aviez la certitude de ne jamais échouer?

Quels seraient vos rêves si vous n'étiez absolument pas limité du point de vue financier?

Quels seraient vos projets si vous aviez trente ans devant vous pour les réaliser?

Quels seraient les projets que vous aimeriez lancer si vous aviez la sagesse nécessaire pour résoudre tous les problèmes et pour balayer tous les obstacles qui se trouvent sur votre chemin?

Quel serait le travail que vous feriez aujourd'hui si vous étiez capable de vendre vos idées aux puissants de ce monde?

Quel rôle devriez-vous jouer dans le drame de la vie humaine? Définissez bien ce rôle avant de fixer vos buts, sinon vous n'éprouverez que confusion et frustration. Les conflits qui existent dans les relations humaines sont souvent le résultat d'un malentendu entre individus et au niveau des rôles de chacun. Rôle + But + Tarif = RÉUSSITE. Définissez votre rôle; après, et uniquement après, définissez votre but. Soyez prêt à en payer le prix en termes de temps, d'argent, d'énergie et de partage d'honneurs; ce n'est qu'à cette condition que vous réussirez.

Maintenant, reportez-vous au début de ce chapitre et repensez, lentement et attentivement, à ces questions importantes. Ne vous laissez pas distraire par vos échecs passés. Lorsque le soleil se lèvera demain, la lumière d'une aube nouvelle illuminera une porte ouverte qui vous invitera à pénétrer dans un monde nouveau appelé le *Pays du Recommencement!*

Préparez-vous à cette expérience fantastique en relisant ces questions.

Élargissez votre esprit avant de fixer vos buts. L'athlète ne pénètre pas dans l'arène sans avoir fait quelques exercices de réchauffement. Relisez les questions ci-dessus et vous vous rendrez compte que votre imagination créatrice se concentre sur des possibilités extraordinaires!

Vous êtes maintenant prêt à revoir, ré-évaluer, réviser et reconcevoir tous les buts de votre vie.

C'est de là que vous vous dirigerez vers la réussite ou vers l'échec. Fixez-vous des buts peu élevés et les réalisations seront peu élevées. Ce sont vos buts, plus que tout autre facteur, qui détermineront si oui ou non vous deviendrez la personne que vous pouvez être dans la vie.

Ne visez rien et vous réussirez

C'est donc au niveau des buts que commence la réussite ou l'échec.

À *l'Institute for Successful Church Leadership* que je dirige à Garden Grove en Californie, nous avons pour but de faire des prêtres et ministres de l'église des penseurs positifs dynamiques. Nous demandons donc aux pasteurs d'inscrire les buts qu'ils veulent atteindre d'ici cinq, dix, quinze et vingt ans. Sur les deux mille diplômés que nous avons déjà eus, il m'est arrivé une fois seulement de m'écrier: «C'est irréaliste! Trop haut! Trop rapide!» Les buts que se fixent les étudiants sont généralement trop bas et trop lents!

Existe-t-il des principes universels que nous pouvons utiliser pour établir nos buts dans les domaines de notre vie professionnelle et de notre vie personnelle? Oui, bien sûr et je vais vous dire lesquels.

Tenez compte de vos talents

Les Penseurs des Possibilités commencent par reconnaître avec franchise les dons que Dieu leur a offerts avant même de fixer leurs buts.

Faites une liste de tout ce que vous faites bien et faites une liste de tout ce que vous aimeriez bien faire. Faites une analyse de ces deux listes.

Découvrez les talents cachés qu'il y a en vous, mais faites-le de façon réaliste. Ils existent! Cherchez-les.

Jim Poppen était un élève qui ne donnait pas sa mesure au secondaire. Les professeurs auraient pu se tromper et le classer comme un élève moyen, ou sous la moyenne au niveau de l'intelligence et des talents. Rétrospectivement, nous nous apercevons qu'il ne manquait pas de talent, il manquait tout simplement de motivation car il n'avait pas de buts intéressants. Lorsqu'il a exprimé un vague intérêt pour la médecine, son père, qui était fermier, a pris les dispositions nécessaires pour que Jim entre dans une école où ses talents pouvaient être mis à l'épreuve. Le cousin de Jim Poppen, l'un des membres de mon église, a déclaré: «Personne n'aurait jamais pu penser qu'il arriverait à quoi que ce soit un jour.»

Le jeune homme est revenu chez lui pour les vacances de Noël. C'était par une nuit froide, typique au Michigan. Dans le silence nocturne, le père s'est réveillé vers minuit, en entendant des bruits bizarres qui venaient de la cuisine plongée dans la noirceur. Furtivement, il s'est glissé hors de sa chambre, il a pénétré dans la cuisine, il a allumé brusquement la lumière pour trouver son jeune fils étalé sur le plancher, empêtré dans un drôle de filet fait de cordes rattachées aux pieds des vieilles chaises de cuisine. «Mon fils est devenu fou. Son esprit n'a pas supporté la tension des études!» Telle fut la première réaction du père. Avant qu'il ait pu dire un mot, son fils lui jeta des ordres: «Éteins les lumières, papa! À l'école, le mois dernier, j'ai fait la découverte du cerveau humain. Je veux devenir neurochirurgien. Alors, il faut que j'apprenne à faire des noeuds dans le noir.» Mais les doigts malhabiles d'un fils de fermier et l'esprit indiscipliné d'un étudiant médiocre pouvaient-ils le permettre? Oui!

Il y a quelques années, je me dirigeais vers mon bureau lorsque l'annonceur à la radio annonça la terrible nouvelle:

> Le candidat à la présidence, Robert Kennedy, a reçu une balle dans la tête. Son état est considéré comme très grave et il repose à l'hôpital de Los Angeles. Nous ne disposons d'aucun détail pour le moment. Cependant, nous apprenons que la famille Kennedy a fait appel au neurochirurgien bien connu, le docteur James Poppen

de Boston, Massachussetts, qui s'envole maintenant vers la Côte Ouest.

Dieu seul sait quels sont les talents qui sommeillent encore en vous! Peu importe ce que vous faites, laissez vos désirs futurs et non pas vos échecs passés, vous diriger lors de l'établissement de vos buts.

J'ai une amie qui s'est mise sérieusement à l'étude du piano à l'âge de soixante ans. Deux ans plus tard, elle était assez bonne pour donner des cours aux enfants. Parce qu'elle a un caractère doux, agréable et gentil, les enfants l'adorent et elle a un succès fou. «Ne devez-vous pas être une professionnelle avant de pouvoir enseigner aux autres?» lui ai-je demandé. «Pas vraiment», m'a-t-elle répondu, «juste meilleure que mes étudiants! Je ne prends que des débutants et je m'arrange pour être toujours en avance sur eux!»

Faites le tour de vos intérêts latents. Découvrez les talents que vous n'avez pas encore exploités. Souvenez-vous bien de ceci: Le fait qu'il existe des gens *doués* qui sont des ratés et des tas de gens *qui ne sont pas doués* qui réussissent, prouve que le talent n'est pas le facteur le plus important pour devenir la personne que vous voulez être.

Tenez compte du dynanisme que Dieu vous a donné

Je le répète encore une fois, les premiers prix ne vont pas aux personnes les plus douées! Je le répète encore, celui qui réussit est celui qui est sûr de réussir! Il y a un fait que l'on ne peut nier: *Un dynamisme débordant, une détermination à toute épreuve, un désir envahissant compensent facilement pour un talent limité.*

D'après les normes du Penseur des Impossibilités, celui qui a réussi le plus long botté de l'histoire du football professionnel ne pouvait pas le faire. Mais personne ne le lui a dit et il a réussi l'impossible. La plupart des fanatiques du football connaissent son nom, Tom Demsey. Il est né n'ayant que la moitié du pied droit; son bras droit et sa main droite étaient difformes. Bien qu'il ait réussi à surmonter son handicap et à jouer merveilleusement bien au secondaire et à l'université, les équipes professionnelles n'en ont pas voulu. Elles lui ont dit: «Vous n'avez pas l'étoffe d'un professionnel.» Il a refusé d'accepter cela. Il a expliqué: «Je n'ai pas encore appris à abandonner. Il m'est arrivé tellement souvent, dans la vie et dans les sports, de voir quelqu'un réussir parce qu'il persévérait, parce qu'il avait la foi.» Il ajouta, en parlant de sa famille: «Mes parents ont cette foi.» Finalement, il fut accepté dans l'équipe des Saints de la Nouvelle Orléans.

Les exploits de Demsey ont fait qu'un jour, une partie extraordinaire s'est jouée entre les Lions de Détroit et les Saints. Au moment où les Saints semblaient détenir la victoire à onze secondes de la fin du jeu, l'un des joueurs des Lions a fait un botté au but de la ligne de leur 18 mètres, leur donnant une avance de 17-16. La partie semblait terminée. En deux jeux, les Saints ont repris le ballon à leur ligne de 45 mètres à deux secondes de la fin. L'entraîneur envoya Tom dans la partie en lui demandant d'essayer le botté le plus long de l'histoire du football. Le ballon se trouvait à 63 mètres des buts. Le record à ce moment-là était de 56 mètres. Tom se trouvait tellement loin des buts que même s'il lui était possible d'envoyer le ballon directement, il n'était pas sûr d'avoir compté jusqu'à ce que l'arbitre lève les bras et signale le botté réussi. Les Saints avaient gagné! Tom a entendu quelqu'un qui disait, ensuite: «Incroyable!» Il a souri, car jamais il n'avait entendu parler ses entraîneurs de façon négative. Comme il l'a dit:

«Ils étaient toujours si occupés à m'encourager qu'ils avaient oublié de me dire ce que je ne pouvais pas faire.»

L'une des questions qui intriguent les psychologues d'aujourd'hui est de savoir si un enthousiasme débordant peut créer un talent là où ce talent n'existe pas. Les preuves s'accumulent de plus en plus en ce sens. John Stewart, chanteur à l'Opéra de la ville de New York, s'est fait dire un jour par des *experts* que sa voix ne le mènerait jamais au niveau professionnel. On lui a donc conseillé d'abandonner et de se tourner plutôt vers l'enseignement de la musique. Pourtant, aujourd'hui, personne ne doute de son talent. Il semble que le talent soit la description donnée par un public enthousiaste d'un rêveur discipliné, déterminé, dévoué et invincible, possédant un désir ardent de réussir.

Un mongolien, retardé mental, a-t-il ce qu'il faut en lui pour qu'on puisse l'instruire? Non! Du moins, c'est ce que les experts ont toujours dit. Pourtant, j'ai un jour visité la section des retardés mentaux dans une école de Mitchell, dans le Dakota Sud et j'y ai vu douze jeunes possédant un enthousiasme incroyable d'apprendre.

Trois semaines auparavant, j'étais allé dans une école semblable, en Californie; le directeur était spécialement formé pour enseigner aux enfants souffrant du syndrome de Down et il m'a dit: «Ces enfants sont incapables d'apprendre à lire ou à écrire. Cependant, nous leur apprenons le sens de quelques images comme celles de danger, de la sortie, de l'homme, de la femme.» J'ai été très impressionné par cela jusqu'à ce que je vois le professeur du Dakota Sud qui, elle, avait réussi à faire écrire à ses élèves des *phrases complètes*. «Nous ne savons pas encore tous les talents que possèdent ces jeunes», m'a-t-elle dit, les yeux brillants d'enthousiasme. «Et je vais vous faire une confidence», me dit-elle à voix basse en me montrant l'une de ses élèves aux yeux bridés, «cette petite fille a un quotient intellectuel de seulement quarante et un.»

Le docteur Irving Stone, un psychologue très connu se spécialisant dans le traitement des enfants retardés mentaux à l'hôpital Fairview de Costa Mesa en Californie, m'a écouté attentivement alors que je lui racontais tout cela. «C'est tellement vrai», m'a-t-il dit tout excité, «nous venons d'arriver à la conclusion qu'en ce qui concerne les capacités de ces enfants, nous devons absolument revoir toutes nos politiques; en effet, tout est possible!» Puis, humblement, il ajouta: «Nous savons maintenant que nous avons bloqué ces enfants à cause de notre manque de foi en tout ce potentiel énorme qui se trouve dans l'esprit d'un enfant retardé. Il semble que ce soit nos esprits à nous qui aient été retardés, car nous n'imaginions pas ce que peuvent accomplir ces personnes lorsqu'elles sont motivées, inspirées et formées.»

Étudiez les défis qui s'offrent à vous

Redécouvrez le principe universel suivant: chaque problème est une opportunité! Les difficultés ne sont en fait que des défis qui vous permettent de vous grandir, de vous ouvrir, de vous améliorer, de devenir une personne de plus en plus intéressante.

Dans mon livre *Pensez possibilités!**, l'histoire de Norm et Sarah Rassmussen illustre très bien ce point. Lorsque leur cinquième enfant est né, il était mongolien. De ce problème, ils ont fait un projet qui devait les motiver et ils ont accueilli chez eux quatre autres enfants mongoliens. Maintenant, je peux ajouter un autre chapitre à cette histoire. Norm, un ingénieur spatial, a été mis à pied lors d'une période de restric-

* Paru aux éditions Un monde différent ltée.

tion. Au lieu de voir le chômage comme un problème, il l'a pris comme une nouvelle chance qui s'offrait à lui. C'est ainsi qu'il lui est venue une idée. Lui et Sarah ont ouvert un centre permanent pour enfants mongoliens!

Avez-vous besoin d'aide pour fixer vos buts personnels? Étudiez bien tous les défis merveilleux qui s'offrent à vous en ce moment-même. Si aujourd'hui, vous êtes hospitalisé, votre but pourrait être de bouger un bras, de bouger une jambe demain, puis de vous tourner sur le côté pour ensuite vous lever et marcher jusqu'à la toilette, vous asseoir sur une chaise, pour un jour franchir l'entrée pour retourner chez vous! Centimètre par centimètre, il faut s'y mettre!

Souvenez-vous bien de ceci: Fixez vos buts et épanouissez-vous là où vous êtes!

Votre état d'esprit face à ce que vous êtes en ce moment est extrêmement important. Si vous pensez que c'est impossible, c'est que votre plus grand problème est *vous-même!* Si vous pensez en termes de possibilités, vous vous rendrez compte que toutes les difficultés sont là pour vous permettre de triompher personnellement.

Lorsque vous aurez trouvé la solution à un problème difficile, lorsque vous vous serez adapté à une situation éprouvante, vous connaîtrez le merveilleux sentiment d'avoir réussi.

Un jour que je conduisais à travers le désert, l'un des pneus de ma voiture a crevé. J'ai relevé l'arrière de la voiture à l'aide du levier et j'ai réussi à retirer le pneu lorsque le levier s'est cassé. La voiture retomba sur son essieu. Je ne savais plus quoi faire. Il n'y avait plus moyen de relever la voiture.

«Attends une minute! On va creuser un trou,» a suggéré ma femme. Et c'est ce que nous avons fait. Le sol était aussi dur que du ciment. Mais avec la clé du pneu, j'ai creusé. Pierre par pierre, caillou par caillou, j'ai travaillé jusqu'à ce que j'obtienne un trou assez grand pour enlever le pneu crevé et installer le pneu de rechange sur les boulons! Avais-je déjà éprouvé un triomphe aussi grand? Chaque problème peut devenir la cause d'un triomphe personnel, peut faire de la vie une aventure merveilleuse, du début à la fin.

Si vous ne faites jamais face aux problèmes personnels,
Jamais vous ne connaîtrez la joie
D'un triomphe personnel!
N'oubliez pas: Pour triompher, il faut essayer.

Repensez aux critères de votre vie

J'ai été ahuri d'apprendre qu'un ex-prisonnier avait lu mon livre sur la Pensée des Possibilités et avait ensuite décidé de mettre au point un vol à main armée incroyable! C'était de la Pensée des Possibilités, mais mal utilisée.

Ce qui est important, lorsqu'on fixe ses buts, c'est de revoir le système de valeurs qui est le nôtre. Si l'argent et les biens matériels sont ce qu'il y a de plus important pour vous, avant de fixer vos buts, vous devez vous poser les questions suivantes:

«Combien cela va-t-il me coûter?»

«Combien d'argent vais-je gagner?»

«Quels sont les bénéfices marginaux?»

Si c'est la sécurité qui est importante pour vous, vous vous poserez les questions suivantes:

«Suis-je sûr de réussir?»

«Ce projet comporte-t-il un risque?»

«Y a-t-il un risque d'échec?»

Si vous avez en vous la grâce de Dieu, vous vivrez selon le *système de valeurs basé sur les services,* qui place une emphase sur les services altruistes que vous pouvez rendre à votre prochain, et les premières questions que vous vous poserez seront alors les suivantes:

«Est-ce que cela va aider ceux qui souffrent?»

«Est-ce que ce projet va m'améliorer?»

«Est-ce que cela va me permettre de sortir tout ce qu'il y a de bon en moi?»

«Est-ce que cela va me permettre de prouver ma foi en Dieu?»

L'homme n'atteint peut-être pas toujours ses buts
Mais les buts de l'homme font de lui ce qu'il est.

Si vous avez un système de valeurs, il vous sera facile de prendre vos décisions les plus importantes. En tant qu'homme d'Église, je suis président de comité de trois corporations différentes affiliées à l'Église. Toutes les fois qu'une idée positive nous est suggérée, nous nous posons ces trois questions: Est-ce qu'il y a là une bonne action à faire pour Dieu? Allons-nous aider ceux qui souffrent? Est-ce que quelqu'un d'autre fait quelque chose dans ce sens?

Si la réponse aux deux premières questions est positive et si la réponse à la troisième question est négative, notre décision est prise. Nous devons le faire! Nous prenons donc la décision de le faire et nous savons que nous résoudrons les problèmes au fur et à mesure qu'ils se présenteront. Nous ne perdons pas notre temps ni notre énergie à discuter, à prendre des décisions et à tergiverser. Nous prenons la décision. Nous le faisons nous-mêmes ou nous formons un nouvel organisme, nous ouvrons une nouvelle compagnie, nous élisons un comité pour le projet, les choses doivent bouger! Ayez confiance! Si votre décision n'est pas la bonne, cela signifie tout simplement que vous devez en prendre une autre.

Alors que j'étais en Extrême-Orient pour les forces aériennes, j'ai entendu parler d'un général très dynamique qui avait remarqué que les habitants du Vietnam souffraient du manque d'installations médicales et qui avait demandé pourquoi rien n'était fait en ce sens. On lui avait répondu: «C'est une situation impossible.» Il appela immédiatement son subalterne et lui donna l'ordre suivant: «Je veux que vous réunissiez les hommes les plus intelligents de notre groupe et je veux qu'ils rêvent à une solution à ce problème. Je ne veux pas qu'une seule minute soit consacrée pour savoir si cela est réalisable ou si cela doit être fait. Je vous ordonne de consacrer toutes les minutes et toute votre énergie à penser à toutes les façons qui nous *permettront* de *construire* et aménager un hôpital TOUT DE SUITE!»

Le soldat qui avait reçu cet ordre a déclaré: «Ce fut absolument incroyable de voir à quelle vitesse et à quel rythme les idées nous sont venues lorsque nous nous sommes réunis! Soixante jours après, l'hôpital fonctionnait à plein rendement!»

Tenez compte des ressources disponibles

Tenez compte des ressources disponibles dans le monde d'aujourd'hui. Ne vous bornez pas aux ressources que vous avez sous la main. Tenez compte de tout ce que le monde vous offre!

Ce n'est pas parce que vous n'avez pas le temps, le talent, l'intelligence, la compétence, l'énergie, l'organisation nécessaires pour essayer que vous avez une excuse! Il y a dans le monde assez d'intelligence, d'argent, d'énergie qui s'accrochent aux Grandes Idées et aux personnes qui pensent Grand tout comme le métal est attiré par l'aimant!

Le temps est peut-être ce qui vous ennuie le plus. Mais il est souvent possible d'acheter le temps. Peut-être devriez-vous engager un peu plus de personnel, pour que le travail s'accomplisse plus rapidement. Vous ne pouvez pas vous le permettre? C'est que vous avez un problème d'argent et non pas un problème de temps. Or, les problèmes d'argent sont très faciles à résoudre!

Le temps est la ressource dont il faut le plus tenir compte lors de l'établissement des buts. J'ai mis sur pied l'Église de la Communauté de Garden Grove alors que j'avais vingt-huit ans. «Je vais m'y consacrer pendant quarante ans», avais-je alors rêvé et vous pouvez être certain d'une chose, c'est que cette attitude m'a permis de voir grand!

J'aimerais ajouter un mot à l'intention des gens plus âgés: Ne sous-estimez jamais le temps qu'il vous reste à vivre! À la suite d'une conférence sur la Pensée des Possibilités que j'avais donnée sur un paquebot de croisière, dans le Sud du Pacifique, l'un de mes auditeurs enthousiastes est venu me trouver pour me dire: «Dommage que je n'aie pas entendu tout ça il y a trente ans. Je serais mort millionnaire.» Je lui donnais à peu près cinquante-sept ans. «Quel âge avez-vous?» lui demandais-je. «J'ai soixante-huit ans», m'a-t-il répondu en souriant. «Vous n'êtes pas trop vieux pour commencer!» lui lancai-je d'un air de défi. «Vous avez l'air tellement jeune et en bonne santé que vous avez de bonnes chances de vivre jusqu'à quatre-vingt-dix ans, cela vous donne encore trente ans! Commencez dès aujourd'hui, sinon, dans vingt ans, vous vous plaindrez! *Pourquoi n'ai-je pas commencé il y a vingt ans, alors que j'étais encore jeune!*»

Et si vous en êtes à un âge où il vous est impossible de vous imaginer en train de vivre votre rêve, qu'est-ce que cela peut faire? Ne pensez pas au temps que Dieu vous a donné, mais au temps que Dieu a à sa disposition! Mon père a planté un verger au complet alors qu'il avait quatre-vingts ans car il savait que Dieu avait le temps d'amener tous ces arbres à maturité pour que quelqu'un, un jour, en profite!

Le fait est que nous avons tous en nous des ressources incroyables et inexploitées et ce, en ce moment même! Un jour un de mes amis a vu une filière tomber sur son fils qui essayait de grimper dessus. Il s'est immédiatement levé et a réussi à relever cette filière qui pesait deux cents kilos, libérant ainsi le petit enfant blessé. «Je ne sais pas où j'ai pris la force», a-t-il dit.

Dieu dispose de ressources illimitées qu'il peut mettre à la disposition de ceux qui pensent grand et qui ont une foi profonde.

Tenez compte des opportunités qui vous entourent

Et enfin, si vous vivez en Amérique vous avez la liberté de choisir la carrière qui vous tente. «*Pensez opportunités*» et fixez vos buts.

Un jeune homme de dix-huit ans m'a dit, il n'y a pas tellement longtemps: «J'aimerais passer ma vie à faire un million de dollars pour les laisser, en mourant, à des grandes causes qui en ont un besoin désespéré. Mais je ne vois vraiment pas comment faire.»

«Pensez-vous pouvoir vivre jusqu'à l'âge de soixante-dix-huit ans?» lui demandai-je. «Oui, je le pense», me répondit-il. «Alors, je vais vous montrer comment vous pouvez devenir millionnaire», lui ai-je promis. «Il vous suffit d'appliquer la Pensée des Possibilités et de planifier votre vie. Voici *comment* vous pouvez faire: Travaillez, gagnez et économisez mille cinq cents dollars l'année prochaine. Puis augmentez ce montant à une moyenne de deux mille dollars par an pendant les vingt prochaines années. À l'âge de trente-huit ans, vous aurez quarante mille dollars dans votre compte d'épargne. Vous l'investirez à un taux de huit pour cent. Laissez les intérêts se composer. Formez une compagnie à but non lucratif pour cet argent. Et sans ajouter un sous de plus, vos quarante mille dollars se transforment, en l'espace de quarante ans, en un million de dollars. À l'âge de soixante-dix-huit ans, vous aurez un million à léguer! C'est un fait mathématique.» Il était ahuri! «Je vais le faire», dit-il. Et je pense qu'il va vraiment le faire!

Un jeune homme s'est approché d'un entrepreneur connu qui se tenait sur le trottoir pour mieux examiner la structure qu'il était en train de construire. «Dites-moi, monsieur», demanda le jeune homme, «comment puis-je réussir aussi bien que vous dans la vie, lorsque je serai grand?» L'entrepreneur aux cheveux gris lui sourit avec douceur, tout en lui répondant à sa façon: «C'est facile, mon gars. Achète-toi une chemise rouge et travaille comme un acharné.» Voyant que le garçon ne comprenait pas, l'entrepreneur, constructeur de gratte-ciel lui montra la charpente de son nouvel édifice. «Tu vois tous ces hommes, là-haut? Tu vois celui qui a une chemise rouge? Je ne sais même pas comment il s'appelle. Mais j'ai remarqué à quel point il travaillait dur. Un jour, j'aurai besoin d'un nouveau contremaître. J'irai le voir et je lui dirai: *Hé! Vous, à la chemise rouge, venez un peu ici!* et je lui donnerai sa chance!»

Retenez ceci: La plupart des gens échouent non pas parce qu'ils manquent de talent, d'argent ou d'opportunité; ils échouent parce qu'ils n'ont jamais planifié leur réussite. Planifiez votre avenir, car c'est là que la vie vous attend!

> Si vous oubliez de planifier,
> vous planifiez votre échec!

En 1955, j'avais l'intention d'ouvrir une nouvelle église. Avec cinq cents dollars, ma femme comme membre et un cinéma en plein air comme lieu de rencontre, nous avons commencé. Je me suis fait une image mentale de l'église que j'espérais construire: des jardins, des fleurs, des gens, du personnel. Aujourd'hui, les visiteurs se promènent à travers un campus de vingt-deux arpents. Ils prennent des ascenseurs vitrés pour atteindre la Chapelle dans le Ciel qui se trouve au quinzième étage, au-dessus du jardin. Ils sont impressionnés. Ils trouvent cela incroyable. «Je ne suis ni impressionné ni surpris», leur dis-je honnêtement, en ajoutant, «après tout, c'est ainsi que nous l'avions prévu!»

Fixez des buts bien précis. Inscrivez-les sur un morceau de papier. Faites-vous des dessins. Imprimez le tout dans votre subconscient par l'intermédiaire de votre oeil. Puis affirmez, *à voix haute,* votre espoir de réussite. Visualisez, puis verbalisez vos buts. Ce faisant, vous conditionnez votre subconscient par les moyens audio et vidéo de votre corps et de votre esprit. Reprenez ce traitement tous les jours et vous direz à votre subconscient de diriger votre vie vers la réussite de buts bien déterminés. Fixez-vous des dates pour chacune des phases de vos projets, pour vous créer des tensions et continuez à avancer régulièrement vers votre but. Il est important que vous vous fixiez une date limite à laquelle chacune des phases doit être terminée. Sinon, l'inaction et le retard dirigeront votre projet et avec de tels dirigeants, vous risquez de ne jamais atteindre votre but.

Demandez-vous: Qu'est-ce que je pourrais bien faire de grand dans ma vie avant de mourir? Et quelle que soit la réponse, faites-le! Si vous voulez suivre des cours, allez-y! Si vous avez besoin d'argent, trouvez-le! Il est là, il attend que vous l'investissiez dans des projets extraordinaires, avec des gens fantastiques! Si vous voulez vous découvrir un nouveau talent, décidez de l'acquérir ou louez-le! Peu importe ce que vous faites, ne ratez pas les chances qui s'offrent à vous. Dieu essaie désespérément de mettre un peu de rêve dans votre imagination. Ne jetez pas tout à terre en déclarant que c'est impossible.

Le plus grand danger qui vous guette n'est pas l'échec à atteindre votre but; non, c'est celui de l'atteindre et de vous reposer ensuite sur vos lauriers. Il faut que vous compreniez que se fixer des buts, c'est une activité qui ne cesse jamais chez les êtres humains. C'est le pouls qui indique qu'il y a encore une vie. «J'espère que vous vivrez assez longtemps pour voir tous vos rêves se réaliser, docteur Schuller», me dit-on un jour. J'ai répondu: «J'espère que non! Ce serait un signe que je suis mort avant de l'être physiquement. Lorsqu'un homme a atteint ses buts et qu'il oublie de s'en fixer d'autres, il ne vit plus: il ne fait plus qu'exister. L'homme meurt lorsqu'il cesse de rêver. Ne craignez pas la mort. Craignez plutôt de cesser de vivre avant de mourir!»

C'est là un principe de vie universel: lorsqu'un organisme, un individu, une institution cessent de croître, le déclin, la pourriture et la mort s'installent. Fixez vos buts de sorte qu'ils soient assez importants et étendus pour ne pas vous sentir confiné lorsque vous les atteignez. Sinon, vous commencerez à échouer au moment même où vous aurez commencé à réussir. Souvenez-vous du principe que nous a laissé A.N. Whitehead, ce grand philosophe anglais: «La plupart des plus grands rêves des plus grands rêveurs ne se réalisent jamais: ils sont transcendés.» Alors, fixez-vous des buts qui en valent la peine et commencez à vivre!

3

Des principes valables pour solutionner les problèmes

Maintenant, préparez-vous à affronter vos problèmes. Vous pouvez être certain qu'un projet qui ne présente aucun problème est un projet qui n'en vaut pas la peine. Lorsque vous avez fixé vos buts, vous devez adopter une attitude de Pensée des Possibilités et vous réussirez.

Mon ami Walter Burke, qui est devenu président de la MacDonnel Douglas lors des premières années de l'exploration spatiale, m'a dit: «Il n'existe pas de problème insoluble. Ce qui semble être un problème impossible n'est en fait qu'une obstruction temporaire sur la route de l'ingéniosité.» Sous sa direction dynamique, la compagnie était justement en train de terminer le laboratoire spatial prévu pour 1973. Il me fit faire le tour de ce remarquable laboratoire. Puis nous avons déjeuné ensemble dans son grand bureau. Derrière lui, je pouvais voir sur le mur un encadrement du *Credo des Penseurs des Possibilités,* que j'avais rédigé quelques mois auparavant. (Lorsqu'il en avait entendu parler, il m'en avait demandé un exemplaire.)

«Il contient tout ce que nous croyons ici», me dit-il. Voici ce que dit ce Credo:

Au pied de la montagne,
Je n'abandonnerai pas.

Je lutterai
Jusqu'à ce que
J'aie réussi à la franchir,
Jusqu'à ce que je trouve un chemin,
Un passage souterrain;
Ou je resterai là simplement
Et je changerai cette montagne en mine d'or!
Avec l'aide de Dieu!

Puis Walter Burke me fit cette confidence extraordinaire: «Il y a des années, lorsque j'étudiais le génie de l'espace, on nous enseignait qu'il était impossible de fabriquer un avion qui dépasserait le mur du son. Parce qu'il aurait fallu qu'il soit tellement gros et lourd que jamais il ne pourrait voler.» Il sourit en continuant: «De plus, nos instructeurs nous disaient que si, par une chance incroyable, la technologie de l'avenir nous permettait de résoudre les problèmes auxquels nous faisions face, nous permettant ainsi de créer un avion qui pouvait voler plus vite que le son, cela demeurerait malgré tout impossible car tout objet excédant cette vitesse du son se briserait en miettes.» Je n'ai pas besoin de vous dire à quel point tous ces énoncés étaient faux; si nous n'avions pas des gens comme Walter Burke qui recherchent les solutions aux problèmes en pensant que tout est possible, nous en serions encore à l'ère des avions subsoniques.

«Chaque problème a une solution.» C'est ce que j'avais écrit dans *Pensez possibilités*. Peu de temps après, je parlais au téléphone avec une jeune fille d'une université de l'Est du pays, qui avait lu cette phrase et qui m'appelait en désespoir de cause pour me dire qu'elle avait un problème sans solution. «Docteur Schuller», me dit-elle, la voix au bord des larmes, «je voulais me lancer en chimie.» Le directeur du département de chimie venait tout juste de l'appeler car il venait de voir son nom sur la liste de ceux qui avaient échoué en chimie organique et il voulait savoir ce qui n'allait pas. Elle pleurait de façon hystérique à l'autre bout du fil. Elle se reprit un peu et continua: «Docteur Schuller, vous dites qu'il existe une solution à chacun des problèmes mais moi, je n'en vois aucune à celui-ci! Il ne reste que trois semaines avant la fin du semestre; si je ne réussis pas à cet examen, tout est fini!»

Étant conscient de mon manque de compétence en la matière, je priais en silence afin de savoir quoi lui répondre. Lorsqu'elle eut terminé, je me suis entendu lui dire: «Écoutez, retournez voir le directeur et dites-lui que vous devez absolument obtenir au moins un B à ce cours. Dites-lui que toute votre carrière en dépend. Dites-lui que vous êtes prête à tout, dans les limites de la morale et de la légalité, pour obtenir un B. Demandez-lui de penser à tous les moyens qui vous permettront de réussir.»

Elle fit exactement ce que je lui conseillai. Son professeur de chimie l'a écoutée et a été très touché de sa volonté de réussir, de sa sincérité, de sa détermination. «Je vais vous dire ce que je peux faire», lui dit-il, «je peux vous donner un «I» pour un cours incomplet. Pendant le semestre d'été vous pourrez suivre des cours privés et travailler très fort. Pendant les trois premières semaines du prochain semestre, je vous ferai passer deux examens, incluant l'examen final de ce cours. Je ferai la moyenne des deux notes et cela représentera votre note pour ce cours.»

Elle pleura de joie et courut à travers le campus jusqu'à sa chambre, elle monta les escaliers quatre à quatre, lança ses livres sur son lit et se précipita pour m'appeler et m'annoncer la bonne nouvelle. «Il y a de l'espoir», me dit-elle en pleurant. Elle a donc pris des cours privés. Elle s'est concentrée, elle a posé des questions, elle a travaillé à des problèmes ardus jour après jour jusqu'à ce que, après six jours de travail intensif, elle commença à tout comprendre. Elle était alors capable de résoudre des problèmes que, trois semaines plus tôt, elle pensait ne jamais pouvoir résoudre.

Deux semaines après le début du semestre suivant, elle a passé le premier examen et a obtenu un A. Une semaine plus tard, elle a passé le second et s'est mérité un B. Aujourd'hui, son dossier académique permanent indique un B en chimie organique.

Le principe le plus important de la philosophie de la réussite pour solutionner les problèmes peut se résumer ainsi: Ne jamais croire qu'un problème est insoluble. Même si vous pensez qu'un problème est impossible à résoudre, n'abandonnez jamais les buts que vous avez planifiés à la domination de ce sentiment négatif. Peu importe ce que vous faites, *ne verbalisez jamais un sentiment négatif.* En verbalisant un sentiment négatif, vous ne ferez que semer la confusion dans votre subconscient. Vous donnerez un appui à vos doutes. Vous nourrissez vos craintes et vos erreurs. Et avant même que vous vous en rendiez compte, vos rêves auront été écrasés par une foule de pensées d'impossibilités destructrices.

Méfiez-vous des experts de la Pensée des Impossibilités

Je dois vous mettre en garde contre la force la plus dangereuse et la plus destructrice de la terre. C'est *l'expert de la pensée des impossibilités.* Étant donné qu'il s'agit d'un expert, vous serez tenté de l'écouter sans critique, de lui faire confiance et d'abandonner! Impressionné par son autorité, vous aurez tendance à le croire sans le remettre en question. Méfiez-vous, écoutez avec votre esprit et pas seulement avec vos oreilles!

Un *expert de la Pensée des Impossibilités* est une personne tellement bien informée, tellement compétente et expérimentée dans un domaine que, si quelque chose n'a encore jamais été fait auparavant, elle le sait et n'hésitera pas une seconde à vous le dire. Puis, avec la prétention d'un brillant intellectuel snob, elle vous énumérera toutes les raisons réelles et imaginaires qui font que cette chose a toujours été impossible, en commençant par se convaincre elle-même pour vous convaincre ensuite que ses mots sont la meilleure preuve que cette idée est vraiment irréaliste, ridicule, impensable, impossible et qu'elle dépasse la crédibilité. C'est ainsi qu'elle empêche le progrès, qu'elle fait opposition au développement, qu'elle bloque la créativité, qu'elle fait halte à la pensée avancée et qu'elle retarde pendant des mois, des années et des décennies les grandes découvertes.

Recherchez et suivez les experts de la Pensée des Possibilités

Un *expert de la Pensée des Possibilités* est une personne qui, lorsqu'on lui suggère un nouveau concept et qu'elle sait que personne n'a encore réussi à le réaliser, fait preuve d'un grand enthousiasme face à cette chance incroyable de pouvoir être un pionnier. Cette opportunité la stimule à découvrir de nouvelles solutions à d'anciens problèmes à l'aide des connaissances d'une ère nouvelle pour faire une percée historique. Parce qu'elle sait qu'il existe un moyen de surmonter les difficultés qui semblent insurmontables, sa puissance créatrice s'en trouve stimulée et entraîne des résultats étonnants. À l'aide des techniques de recherches avancées, elle prouve que certaines causes des échecs antérieurs étaient en fait des erreurs de jugement faites par des chercheurs intelligents qui n'avaient pas à leur disposition les outils, les talents ou la connaissance disponibles de nos jours.

L'expert de la Pensée des Possibilités découvre souvent que les causes de ces échecs ne sont pas des causes justement mais plutôt des symptômes qui empêchaient les penseurs d'aller plus loin. Chercheur plein de ressources, le Penseur des Possibilités découvre les causes véritables, puis il exploite toutes les informations obtenues à la suite des dernières découvertes faites dans tous les domaines connexes ou non et il trouve une solution nouvelle à un problème que tous avaient cru insoluble.

Par un beau soir de printemps, le téléphone sonna chez moi. «Êtes-vous le docteur Schuller qui a écrit *Pensez possibilités?*» me demanda une voix jeune à l'autre bout. Je lui répondis par l'affirmative.

«Il faut absolument que je vous voie», dit-elle. «Je voudrais savoir si vous êtes sérieux ou non.»

Étonné d'une telle franchise et me rendant compte que mon intégrité était à l'épreuve, je lui ai répondu: «D'accord. Soyez à mon bureau demain matin. Présentez-vous et je vous recevrai entre deux rendez-vous.»

Le lendemain matin, ma secrétaire me dit à l'intercom: «Il y a une jeune femme, mademoiselle Barbara Bassinger, qui veut vous voir. Elle dit qu'elle vous a parlé hier soir et que vous lui avez dit de venir.»

«C'est exact. Faites-la entrer.»

La porte s'ouvrit et j'eus la vision du dispositif le plus bizarre qui soit. Dans une chaise roulante, il y avait une jeune fille entourée d'un assemblage incroyable de métal et de cuir. Un filet de courroies d'acier et de cuir partait de ses pieds, se croisait au niveau de ses chevilles, était raccordé à des armatures se trouvant au niveau de ses genoux. Le tout rejoignait des courroies métalliques placées le long de ses cuisses, boulonnées à une ceinture de métal. Des yeux noirs et brillants me fixaient à travers un masque, lui aussi fait de métal et de cuir. Elle leva la main et je m'aperçus que ses bras étaient, eux aussi, supportés par des armatures métalliques.

«Surpris?» dit-elle en riant.

«Je dois reconnaître que je n'avais encore rien vu de tel», lui répondis-je.

«Je suis quadriplégique», m'expliqua-t-elle. «Lorsque j'étais enfant, les médecins ont dit à mes parents que je ne serais jamais capable de marcher et que je n'irais pas bien loin à l'école. C'est comme ça que j'ai grandi, jusqu'à ce que j'entende ces mots: «Si vous aviez la foi la grosseur d'un grain de moutarde, vous pourriez déplacer des montagnes. Et rien ne vous serait jamais impossible.» J'ai rencontré un médecin qui était expert de la Pensée des Possibilités et je lui ai demandé: «Pouvez-vous trouver un moyen qui me permettra de marcher?» Avant qu'il puisse me répondre, je lui ai dit: «Si vous placez une structure au niveau de mes chevilles, mes jambes ne s'enfuiront pas. Et si vous étirez ma tête à l'aide d'un collier, si vous la faites se tenir à l'aide de barres boulonnées à une plaque et si vous placez des barres métalliques entre mes bras pour ne pas qu'ils bougent tout seuls...»

Il m'a écoutée et c'est ce qu'il a inventé. Je pensais que ça vous ferait plaisir de le voir.»

J'étais ahuri. J'avais vraiment pitié d'elle, jusqu'au moment où elle me dit: «Mais ce n'est pas tout, docteur Schuller; j'ai une bonne nouvelle. JE PEUX MARCHER!» Et dans un bruit de cuir et de métal, elle s'est levée de sa chaise et a marché dans la pièce. Puis elle s'est assise et m'a annoncé avec fierté: «Je viens en plus d'obtenir une maîtrise ès Arts à l'Université de San Diego.»

Regardez autour de vous et vous trouverez quelqu'un que vous connaissez, quelqu'un dont vous avez entendu parler, qui est un grand Penseur des Possibilités. Accrochez-vous à cette personne ou à son histoire au moment où les problèmes semblent vouloir vous dominer.

Comment développer une bonne philosophie de réussite pour solutionner les problèmes

1. Cherchez les problèmes: Soyez le premier à voir les problèmes et c'est vous qui mènerez. Le leadership va à ceux qui pensent loin. Le meneur voit les problèmes qui se présenteront dans plusieurs années, bien avant que d'autres puissent se douter qu'il y en aura un jour. Il prépare une analyse soignée de tous les problèmes possibles et une liste des solutions et des recommandations proposées comme solutions de rechange.

Le Penseur des Possibilités n'ignore pas les problèmes lorsqu'il présente ses idées avec enthousiasme. Il sait qu'il y a des points faibles dans toutes les idées. Il ne cesse jamais de se demander «Quel est le point faible de cette idée?», non pas dans le but de la démolir mais avec une attitude qui assurera la viabilité de l'idée. En pensant avec soin à des réponses pour toutes les objections possibles, il fait face aux problèmes avant même qu'ils se présentent. Repérer consciencieusement les problèmes est la marque d'un leader responsable. En tant que chef d'une église, j'essaie toujours de voir les problèmes qui se présenteront à nous dans cinq, dix et vingt ans.

2. *Prévoyez les problèmes:* Si vous êtes à la tête d'un organisme et que votre organisme ne connaît aucun problème, vous avez un véritable problème. Ne pas avoir de problème peut être un problème grave. Car cela indique souvent que vous ne progressez pas du tout ou pas assez vite ou que vous ne pensez pas assez grand. La croissance s'accompagne toujours de difficultés. «Malheur à ceux qui se sentent bien dans Jérusalem.»

«Nous avons besoin de grands problèmes; c'est ce qui tient notre équipe d'ingénieurs», a dit Walter Burke. «Si nous n'étions pas capables de leur offrir des défis intéressants, ils iraient travailler pour une autre compagnie qui, elle, en aurait à leur offrir.»

L'organisme qui ne peut agrandir ses buts de façon à toujours offrir un défi à son personnel perdra un jour ou l'autre ses hommes énergiques, dynamiques, enthousiastes et brillants qui recherchent toujours à résoudre des problèmes compliqués. C'est pour cette raison que tous les cadres de compagnie savent que, si leur compagnie ne se développe pas, elle va commencer à dépérir. Des buts importants tiennent les gens importants ensemble. Souvenez-vous de cette règle: Les obstacles qui gênent la croissance et qui bloquent les buts doivent être éliminés à tout prix, sinon la semence de pourriture et de mort commence à germer dans la personne, l'organisme, la compagnie, le comité ou l'institution. Le renouveau vient avec l'arrivée de nouveaux problèmes urgents, exigeant des solutions nouvelles.

3. *Accueillez les problèmes:* Considérez les problèmes comme des opportunités. Leon Shimkin, président de la maison d'édition Simon and Schuster, a dit: «Nous n'avons aucun problème chez nous; rien que des opportunités.»

Un problème (une opportunité) peut être ce qu'il vous manque pour revoir, ré-outiller, ré-organiser, restructurer, redisposer ou relocaliser la compagnie. Les personnes, traditions, organisations et institutions bien assises dans leurs systèmes doivent souvent avoir à faire face à un problème important pour penser à changer quoi que ce soit. Chaque problème est une opportunité de voir quelque chose.

Comment le leader s'y prend-il pour vendre une idée? Il commence premièrement par attirer l'attention sur un problème qui existe ou qui va se présenter. Ensuite, il exagère ce problème. Puis il dramatise le problème. Quatrièmement, il agrandit le problème, insistant sur le fait qu'il ne disparaîtra pas s'il est ignoré mais n'en deviendra que plus grave. Ensuite, il propose toutes les solutions possibles, à l'exception de la meilleure, son idée, qu'il ne sort qu'à la fin. Puis il fait remarquer que la solution ne sera jamais ni aussi facile ni meilleur marché (c'est là un excellent argument) qu'en ce moment. Bien sûr, il prévoit avec soin le moment où il doit exposer le problème. Il sait que s'il attend qu'il devienne plus complexe, il pourra vendre une idée encore plus grande. Mais il sait aussi que s'il va trop vite, tout ce qu'il vendra, c'est une réparation. S'il attend un tout petit peu plus longtemps, il vendra une solution de rechange. Soyez patient et vous vendrez un pantalon au lieu de vendre un morceau de tissu pour le rapiécer. Tous les leaders, tous les vendeurs, tous les cadres savent que, sans un réel problème, ils ne seront jamais capables d'aller de l'avant.

4. *Ne laissez jamais les problèmes vous empêcher de prendre la bonne décision:* L'établissement des buts, basés sur l'engagement évident à un système de valeurs, mène à une prise de décision assurée et rapide. Vous prenez toujours une décision en vous basant sur ce que vous savez être la bonne chose à faire. *Vous n'attendez pas, pour décider, d'avoir trouvé la solution à tous les problèmes,* sinon ce seront les problèmes et non les possibilités qui vous dirigeront dans la vie. Ce n'est pas parce que vous ne voyez pas les solutions aux problèmes que vous avez le droit de prendre de mauvaises décisions. Et ne pas prendre la bonne décision, c'est décider de prendre une mauvaise décision.

Ne confondez jamais la solution des problèmes et la prise de décisions. Comme je l'ai déjà dit, dans notre organisme à but non lucratif où nous faisons un certain travail religieux pour rendre service, nous nous posons de grandes questions au moment de la prise de décision: «Allons-nous aider ceux qui souffrent?» «Est-ce qu'il s'agit d'une belle chose à faire pour Dieu?» «Quelqu'un d'autre fait-il quelque chose en ce sens?» Ce sont là les questions relatives à la prise de décision. À ce stade-là, nous ne nous posons aucune question relative à la solution des problèmes. Les questions relatives à la solution des problèmes sont du genre: «Quel en sera le coût? Où allons-nous trouver le temps et l'énergie?»

Il est prématuré d'amener les questions relatives à la solution des problèmes lors d'une réunion visant à une prise de décisions. Après tout, on ne prend pas de décisions en se basant sur le fait de savoir si oui ou non les problèmes peuvent être résolus. Les décisions sont basées sur ce que nous dicte notre conscience, sur le dévouement, les principes, la politique et l'honneur personnel ou celui de la compagnie. S'il s'agit d'une bonne chose à faire, décidez donc de le faire!

En établissant clairement la distinction entre la prise de décision et la solution des problèmes, vous économiserez énormément de votre énergie créatrice. Il se perd énormément d'énergie par indécision chez ceux qui sont incapables de se décider car ils ne voient pas les solutions aux problèmes qu'ils s'attendent à rencontrer. C'est ainsi que l'indécision est harassante et fatigante!

Conservez l'énergie mentale qui pourrait se perdre dans des discussions prolongées et confuses. Prenez la bonne décision et gardez votre puissance créatrice en vous concentrant sur de nouvelles solutions pour résoudre les problèmes.

Revoyez les problèmes. Il peut s'agir, en fait, d'une indécision. Ne vous attendez pas à ce que Dieu vous apporte la solution à vos problèmes tant que vous ne lui aurez pas prouvé que vous avez la foi en prenant les décisions qui s'imposent.

5. *Analysez vos problèmes avec précision:* S'il existe un danger de confondre les décisions et les problèmes, il existe aussi celui de confondre les symptômes et les problèmes. Et cela arrive même aux experts

Le pasteur d'une église protestante se plaignait qu'il perdait les membres de sa congrégation. «Quel est votre plus grand problème?» lui ai-je demandé. «Le manque de personnel compétent», me répondit-il. Et c'est ainsi que nous avons eu la conversation suivante:

DOCTEUR SCHULLER: Et pourquoi n'avez-vous pas de personnel compétent?

LE PASTEUR: Nous ne pouvons nous le permettre. Nous avons un gros problème d'argent.

DOCTEUR SCHULLER: Pourquoi avez-vous un problème d'argent?

LE PASTEUR: Les frais ne cessent d'augmenter et les adhésions diminuent.

DOCTEUR SCHULLER: Quelle a été la courbe de croissance d'adhésions l'an dernier, comparée à ce que vous souhaitiez obtenir?

LE PASTEUR: Nous n'avions aucun but en ce sens et nous n'avons connu aucune augmentation.

Le pasteur avait en fait, deux problèmes. Le premier était l'absence d'un but visant au développement de sa communauté. Le second, plus fondamental, était l'absence d'un leadership de Pensée des Possibilités. Tous les autres problèmes n'étaient en fait que des symptômes. On lui a donc conseillé de fixer des buts pour le développement, de prendre des décisions et d'aller de l'avant afin de résoudre ses problèmes qui l'empêchaient de croître.

Cette église reprend vie aujourd'hui. Après avoir analysé la situation de plus de deux mille églises aux États-Unis, je n'en ai pas trouvé une seule qui avait un problème d'argent; il s'agit toujours d'un problème de manque d'idées créatrices.

Prenez une décision et
vous résoudrez votre problème

6. *Arrangez-vous pour diviser et conquérir votre problème:* Je me trouvais au deuxième étage du laboratoire spatial chez

MacDonnel-Douglas et m'émerveillais sur l'utilisation incroyablement efficace de l'espace. Mon guide m'expliquait le nombre renversant de problèmes *insolubles* qu'il leur avait fallu résoudre avant d'envoyer le premier laboratoire scientifique habité dans l'espace.

«Comment avez-vous fait pour résoudre autant de problèmes aussi complexes?» ai-je demandé à monsieur Burke. Dans sa réponse, il y avait les principes universels que vous pouvez utiliser: «Quelle que soit l'importance du problème, il faut le diviser en un grand nombre de petits problèmes que l'on résout un par un avant de remettre les parties solutionnées ensemble comme on le ferait avec les morceaux d'un casse-tête.»

7. *Engagez des gens plus compétents que vous ou demandez leur aide:* Si vous avez du mal à résoudre vos problèmes, demandez à d'autres de vous aider. Plus le défi sera grand, plus le problème sera difficile à résoudre, plus vous aurez de chances de vous attirer le soutien d'experts de la Pensée des Possibilités.

Si votre problème est ordinaire, il vous sera facile d'y trouver les solutions. Les autres l'on fait avant vous. D'un côté, si votre problème est vraiment unique, s'il est le premier du genre, s'il est le plus gros dans un certain domaine, vous vous attirerez les hommes les plus brillants du monde qui ne demanderont pas mieux que de vous aider.

«La réussite», si l'on en croit Walter Burke, «est une question de ne pas lâcher alors que l'échec est une question d'abandonner trop vite.» En partant de cette philosophie, nous allons maintenant voir les quatre plus grands problèmes qu'il vous faut résoudre pour pouvoir devenir la personne que vous rêvez d'être.

4

La confiance en soi: Ayez-en! Servez-vous-en! Gardez-la!

Un jeune immigrant hollandais a envie de devenir un grand joueur de baseball. Il se voit déjà sur le monticule en train de lancer la balle. À dix-neuf ans, il est là, au seuil de son rêve.

Une Mexicaine de vingt ans, mère de deux enfants, abandonnée par son mari, se retrouve dans une ville étrangère du nom de Los Angeles. Elle ne parle qu'espagnol et pour toute richesse, elle n'a que sept dollars en poche. Elle est décidée à prendre soin de ses enfants et à recommencer une vie nouvelle. Elle est persuadée qu'elle peut le faire et elle le fait!

Qu'est-ce que ces deux personnes ont en commun? Une image d'elles-mêmes très positive, une force miraculeuse que l'on appelle la confiance en soi. Elles l'ont et tous en ont besoin. Si vous ne l'avez pas, vous pouvez l'acquérir. Cela vous aidera à ouvrir la porte vers un avenir étonnant.

Le manque de confiance en soi est l'un des quatre grands facteurs de l'échec que l'on doit absolument surmonter avant de devenir la personne que l'on rêve d'être. Croyez-moi, les montagnes disparaissent devant une personne qui a confiance en elle.

Henry Ford a dit: «Pensez que vous y arriverez, pensez que vous n'y arriverez pas, dans les deux cas, vous aurez raison.»

Faites attention en imaginant ce que vous allez devenir. Nous avons maintenant la preuve scientifique que l'image mentale que l'individu se fait de lui, plus qu'aucun autre facteur, établit les limites de ses exploits. Nous savons maintenant que le cerveau humain, comme un guide automatique très compliqué, dirige votre vie vers la concrétisation de l'image mentale de vous-même que vous lui envoyez. Votre subconscient travaille en votre faveur ou contre vous. C'est vous qui le déterminez par les rêves ou les limites que vous lui envoyez. Une fois cette loi comprise et appliquée, des changements révolutionnaires se produisent au niveau de la personnalité humaine. Des habitudes profondément ancrées, des schèmes de comportement de base, des talents et des capacités ont été miraculeusement modifiés par des personnes qui ont cru, ont agi et ont utilisé cette loi de la psychologie de l'image de soi.

«Qu'est-ce que tu veux faire quand tu seras grand?» ai-je demandé à Bert Blyleven, alors qu'il avait treize ans.

«Joueur de baseball», me dépondit ce jeune Hollandais. Quelques années auparavant, il avait quitté la Hollande avec ses parents, pour s'installer aux États-Unis avec ses six frères et soeurs. Très vite, ils sont venus à mon église tous les dimanches.

«C'est un rêve merveilleux, Bert», lui ai-je dit. «Crois-y et tu réussiras.» Cinq ans plus tard, il obtint son diplôme du secondaire. «Que vas-tu faire maintenant, Bert?» lui ai-je demandé.

«Jouer au baseball», m'a-t-il répondu avec confiance.

Avant la fin de l'été, il jouait dans une petite équipe du Midwest. Au début de l'hiver, Bill Rigney, directeur de l'équipe des Twins de Minnesota, faisait le tour des jeunes des équipes mineures et les mettait à l'essai sur leur terrain, en Floride.

«Ce Bert Blyleven a vraiment quelque chose!» dit-il à un ami. L'été suivant, Bert battait des records impressionnants dans les équipes mineures lorsqu'il reçut un appel interurbain.

«Bert Blyleven, c'est Bill Rigney à l'appareil. Je veux que vous preniez le prochain avion pour Washington, D.C. Je veux vous voir.» Et ce fut tout.

Qu'est-ce que Rigney lui voulait? Il n'avait quand même pas l'intention de prendre un jeune homme nouvellement sorti de l'école, avec à peine un an d'expérience dans les équipes mineures et de le faire jouer dans les équipes majeures!

Le monument de Washington se découpait sur l'horizon alors que l'avion approchait de l'aéroport. Le jeune Hollandais ne savait plus où regarder en descendant de l'avion pour pénétrer dans la capitale de son pays d'adoption.

«Bonjour Bert! Bienvenue à Washington!» C'était Bill Rigney.

«Pourquoi m'avez-vous fait venir?» lui demanda le jeune homme.

«Bert», lui dit Rigney en le regardant droit dans les yeux, «j'ai un problème». Il s'arrêta, puis continua: «Louis Triant s'est fait mal à l'épaule et j'ai besoin d'un lanceur. Je t'ai vu jouer.»

Le coeur de Bert battait à tout rompre. «Bert!» Le directeur de l'équipe des Twins de Minnesota avait décidé d'y aller directement. «J'ai décidé de te faire commencer dès demain soir, alors que nous jouons contre Washington. Penses-tu pouvoir être à la hauteur?»

«Oui. Je ferai tout mon possible!» La jeune voix était pleine de confiance.

«J'espère que Bill Rigney sait ce qu'il fait! Ce gamin n'a rien que dix-neuf ans. C'est le plus jeune joueur de toutes les équipes majeures», déclara un supporteur du Minnesota. Sous les lumières vives du stade, le visage couvert de taches de rousseur du Hollandais s'éclaira. Tout d'un coup, l'hymne national emplit l'air alors que le drapeau américain flottait dans le vent. La foule chantait avec ferveur. Bert ouvrit la bouche mais il n'en sortit aucun son. Puis la partie débuta. Le rêve de Bert Blyleven était sur le point de se réaliser.

C'était le moment auquel il avait rêvé toute sa vie. Des milliers d'yeux étaient sur lui. Les annonceurs de la radio partageaient cet instant excitant avec des milliers de fans qui les écoutaient au Minnesota. Bert fit son premier lancer.

«Prise!» criait l'arbitre. «Balle!» «Prise!» «Balle!» «Balle!»

Au moment où le score était de 3 à 2, le jeune lanceur se mit en position, attendit un signe du receveur, leva les bras en tenant bien la balle et il l'envoya de toutes ses forces. Un bruit semblable à un coup de fusil se répercuta dans le stade alors que le frappeur de l'équipe de Washington claqua le lancer.

Le jeune Bert se retourna sur le monticule pour voir la balle blanche s'élever à une vitesse incroyable par-dessus la clôture produisant un coup de circuit fameux.

Il aurait pu se décourager. Mais au lieu de cela, une petite voix tout au fond de lui murmura! «Ça va, Bert, tu es capable. Tu as tout ce qu'il faut, montre-le-leur. Si tu ne leur montres pas, ils te classeront tout de suite comme un bon à rien. C'est le moment de te prouver à tous.» Et calmement, il fit face au frappeur suivant. «Retiré!» cria l'arbitre au deuxième joueur qui succombait à une splendide balle courbe. «Retiré!» Ces mots résonnèrent longtemps aux oreilles de Bert car, pendant sept manches, il étonna la foule par ses débuts remarquables. Il était maintenant sur la voie d'une brillante carrière.

Imaginez votre ascension vers la réussite

Le processus de vous imaginer mentalement sur la voie de la réussite a été appelé le processus de l'image mentale. Je ne peux m'empêcher de penser aux exploits étonnants de ceux qui ont trouvé les solutions à des problèmes de production en imaginant qu'ils étaient en train de réussir.

Alors que la cérémonie touchait à sa fin à l'Université Azusa Pacific, à Azusa en Californie, les étudiants les plus brillants et les plus méritants se voyaient remettre leurs diplômes. Dans ce petit groupe d'étudiants remarquables, trois se détachaient des autres. Il y avait un Noir, un Indien et une jeune aveugle; tous les trois recevaient les honneurs suprêmes. Et tous les trois avaient été inscrits dans le *Who's Who in American Colleges and Universities*. Je suis certain que ces trois étudiants auraient pu facilement devenir de misérables ratés. Ils auraient pu adopter une attitude négative et cynique, accusant de leur échec leur enfance désavantagée ou la société avec ses préjugés. Cependant, tous les trois se sont retrouvés en haut de l'échelle. Pourquoi? Comment? Qu'est-ce qui a fait la différence?

J'ai parlé à la jeune aveugle et je lui ai demandé: «Quel est votre secret?» Le visage rayonnant, elle me fit part de ce qui suit. «Mon secret se trouve dans un verset de la Bible que j'ai appris il y a plusieurs années.» Et elle me cita la phrase: «Je peux tout faire grâce au Christ qui m'en donne la force.»

Certaines personnes font des victimes de leurs handicaps alors que d'autres deviennent victimes de leurs handicaps. Le Noir, l'Indien et la jeune aveugle avaient une chose en commun. Ils étaient persuadés que la force de Jésus-Christ pouvait changer leur vie et la situation dans laquelle ils vivaient. Lorsque vous croyez en Jésus-Christ, vous savez qu'avec *lui,* vous pouvez tout surmonter. Et vous pouvez aller très loin!

Quatre qualités dynamiques distinguent le gagnant qui a confiance en lui

L'imagination: La personne qui a confiance en elle s'imagine être la personne qu'elle veut devenir. Elle ignore ce qu'elle est en ce moment.

L'engagement: Le désir de réaliser son rêve est tellement fort chez la personne qui a confiance en elle, qu'elle se consacre entièrement au but qu'elle s'est fixé. C'est un engagement sans condition, impossible à négocier. La puissance d'une personne engagée à ce point est illimitée.

L'affirmation: Commencez par imaginer. Puis engagez-vous. Et maintenant, affirmez-vous que vous allez réussir. Verbalisez votre pensée positive. Cela exerce et revivifie votre confiance en vous. En même temps, vous amènerez les autres à croire à votre réussite éventuelle. Et une chose merveilleuse se produit. Alors que les autres commencent à croire en vous, ils veulent vous aider et cela donne encore plus d'élan à votre confiance en vous!

N'abandonnez jamais: N'abandonnez jamais, jamais, jamais! La patience et la persévérance sont des concepts hérétiques que vous ne devez jamais envisager.

Ces qualités-là se résument ainsi: JE PEUX! C'est ça, la confiance en soi! Bien dirigée et utilisée de façon constructive, la confiance en soi devient la puissance même de Dieu qui déborde, qui s'élance, qui bat, qui vibre avec la force de l'électricité spirituelle dans la personnalité humaine, qui transforme une personne nonchalante, sans vie, apathique en une dynamo puissante qui catapulte sa vie vers les plus hauts sommets!

«Je peux» Les deux mots les plus puissants de votre vocabulaire

«Je peux», a dit Cyrus W. Field au moment où le projet de poser le premier câble traversant l'Atlantique a été qualifié d'entreprise extravagante et fantastique.

«Je peux», a dit Tracy Barnes lorsque tous les gens sages savaient qu'il était impossible de traverser les États-Unis en ballon. Après environ cinq mille kilomètres et cinq mois dans les airs, il avait réussi: de San Diego en Californie jusqu'à Villas, au New Jersey. Flottant sur les mouvements capricieux et imprévisibles de l'air, il a vécu des expériences dangereuses et extraordinaires. Il s'est écrasé sur une montagne à cent soixante kilomètres à l'Est de San Diego et a passé trois jours à l'hôpital avec une entorse au dos. Il s'est perdu dans les Rocheuses et a été séparé de son équipe terrestre pendant trois jours. À plusieurs reprises, son ballon s'est pris dans les arbres, ce qui l'a retardé. Il s'est posé près de Pittsburgh.

Mais tout n'a pas été que difficultés pour ce jeune homme de vingt-sept ans. Il s'est laissé volontairement dérivé au fond du Grand Canyon, y a arrêté son ballon et est allé nager dans la rivière Colorado. Du Nebraska à Pittsburgh, tout allait bien. «C'était fantastique», a dit Barnes. Le voyage lui a pris à peu près deux fois ce qu'il avait prévu à cause des vents contraires et des ennuis rencontrés en cours de route.

«Je peux», a dit Birt Duncan. Ce jeune Noir du Sud a été placé d'un foyer nourricier à un autre quand il était enfant. Il se souvient d'avoir vécu dans plus de treize familles, de l'Arkansas au Mississippi. Il lui arrivait souvent de s'endormir à l'école car il était sous-alimenté. Cependant, il a maintenant un doctorat en psychologie de l'Université de Princeton et il termine une thèse de maîtrise à l'Université de Californie, à San Diego.

«Ce qui est important, ce n'est pas la couleur de votre peau: blanche ou noir», dit Birt Duncan. «Ce qui est important, c'est la couleur de votre pensée. Rouge? Ou verte? Pensez Vert. Pensez: Vas-y. On ne peut rien contre la couleur de sa peau mais on peut choisir la couleur de sa pensée.»

«Je peux», a dit Romana Banuelos. Elle n'avait que seize ans lorsqu'elle s'est mariée à Mexico. Deux ans plus tard, avec deux enfants sur les bras, elle divorcait et travaillait à un dollar par jour dans une buanderie d'El Paso.

Elle a entendu dire qu'elle pouvait gagner plus en Californie; alors, avec sept dollars en poche, elle a pris l'autobus pour Los Angeles.

Elle a commencé par laver la vaisselle, puis elle prenait tous les emplois qu'elle pouvait trouver; c'est comme ça qu'elle a économisé. Lorsqu'elle eut quatre cents dollars, elle acheta, avec une de ses tantes, une petite fabrique de tortillas qui n'avait qu'une seule machine à tortilla et un hachoir. Lorsque sa tante quitta le commerce, elle lui acheta sa part.

Les produits mexicains vendus par Romana se sont vite transformés pour devenir la plus grande compagnie du pays dans ce domaine avec un revenu brut de cinq millions de dollars par an et plus de trois cents employés.

Romana était décidée à s'élever au-dessus du niveau de vie des Mexicano-américains. «Il nous faut notre banque», a-t-elle pensé. Elle a aidé à la fondation de la banque *Pan-American National* dans l'Est de Los Angeles, banque mise au service de la communauté mexicano-américaine. Les ressources de cette banque sont maintenant de plus de vingt-deux millions de dollars, 86 pour cent des déposants étant de descendance latine.

«Je peux», a dit Romana lorsque les experts de la pensée des Impossibilités lui ont dit que les Chicanos ne pouvaient ouvrir une banque. «Vous n'avez pas la compétence nécessaire», «Vous n'y arriverez pas.» Sans se laisser influencer, elle a mis sur pied un comité qui a engagé trois avocats qui ont obtenu une charte pour la nouvelle banque.

«Nous avons ouvert la banque dans une petite roulotte» dit-elle, «mais nous avons eu des problèmes à vendre des actions dans la communauté. Les gens ne croyaient pas en eux-mêmes. J'allais les voir et je leur demandais s'ils voulaient acheter des obligations et ils me répondaient: «Oh, madame Banuelos, comment pouvez-vous penser que nous pouvons avoir notre banque? Ça fait dix, quinze ans que nous essayons et ça n'a jamais marché. Les Mexicains ne sont pas des banquiers.» Cette banque est maintenant l'une des plus belles histoires de réussite de l'Est de Los Angeles.

«Quel est le principal problème qui empêche les Mexicains de progresser aujourd'hui?» lui a-t-on demandé. Sa réponse: «Ils croient le mensonge qu'on leur répète: *les Mexicains sont inférieurs!* J'ai grandi à Mexico et personne ne me fera jamais croire ce mensonge! Je suis fière de mes ancêtres mexicains!»

Aujourd'hui, Romana Banuelos a atteint de nouveaux sommets. Le président des États-Unis l'a nommée trente-quatrième trésorier du pays!

Exigez plus de vous-même

Il n'y a pas que les Chicanos, il y a bien d'autres peuples qui ne vont jamais plus loin que leurs espérances. Si vous n'espérez rien ou peu de vous-même, ne vous surprenez pas de ne rien obtenir.

Vous souffrez peut-être d'un complexe d'infériorité car une société fière ou ayant des préjugés vous a menti en ce qui vous concernait. Peut-être n'avez-vous pas réussi à l'école et en avez-vous conclu que vous n'étiez pas intelligent. Ne le croyez pas! C'est peut-être votre professeur qui était mauvais.

Dans un article récent du *Reader's Digest,* un psychologue de Harvard, Robert Rosenthal se posait la question suivante: «Se pourrait-il que certains élèves ne réussissent pas en classe parce que c'est ce que leur professeur attend d'eux?» Si tel est le cas, concluait Rosenthal, il suffit que le professeur exige plus et les élèves s'amélioreront. Il était prêt à vérifier cette théorie dans les écoles. On a donné à des élèves du jardin d'enfant à la cinquième des écoles qui acceptaient de se soumettre à cet essai, un test visant à déterminer la capacité d'absorption. Au mois de septembre suivant, une fois les tests corrigés, on donnait aux professeurs le nom de cinq ou six élèves *brillants*, possédant des capacités supérieures à la moyenne.

Ce que les professeurs ne savaient pas, c'est que les noms de ces élèves avaient été choisis à l'avance et au hasard, avant la correction des tests. La différence entre les élèves ainsi choisis et les autres n'existaient que dans la tête des professeurs.

Les mêmes expériences menées à la fin de l'année scolaire ont révélé que les élèves brillants avaient réellement devancé tous les autres, gagnant parfois entre 15 et 27 points de quotient intellectuel. Les professeurs ont décrit ces enfants comme plus heureux que les autres, plus curieux, plus affectueux et comme ayant plus de chances que les autres de réussir dans la vie. Il est évident que les changements n'ont eu lieu qu'au niveau de l'attitude. Étant donné que les professeurs s'attendaient à de meilleurs résultats de la part de certains élèves, ces derniers en sont arrivés à avoir une meilleure opinion d'eux-mêmes.

«L'explication réside probablement au niveau de l'interaction très subtile qui existe entre le professeur et les élèves», déclare Rosenthal. «Le ton de la voix, l'expression du visage, l'attitude sont des moyens, souvent involontaires, par lesquels le professeur communique à un enfant ce qu'il attend de lui. Une telle communication peut aider l'enfant à changer sa façon de se voir lui-même.»

Le docteur Floyd Baker, membre de l'église de la Communauté de Garden Grove, est professeur de physique. Il a récemment écrit un document pour son doctorat en physique. C'est une confession très intéressante:

J'ai commencé à enseigner en 1960 et j'avais mes propres méthodes concernant l'instruction et l'interaction existant entre le professeur et les élèves. Maintenant, avec le recul, je m'aperçois que mon attitude n'était pas la bonne, face à mes étudiants et à leur motivation. Je me souviens que j'avais l'habitude de leur dire, au début du semestre: «Vous avez intérêt à réussir dans cette matière, sinon, vous feriez aussi bien de vous réorienter. C'est MOI qui enseigne ici, alors vous avez intérêt à bien vous entendre avec moi. Je n'aime pas les élèves qui n'étudient pas, alors, mettez-vous au travail! Je vous donne tout ce que vous devez savoir, à vous de l'apprendre. J'aime autant vous prévenir que la moitié d'entre vous ne réussiront pas. Arrangez-vous pour que ce ne soit pas VOUS!» Comme vous pouvez le voir, j'ai toujours donné confiance à mes élèves. Eh bien, d'une façon surprenante, mes prédictions se réalisaient toujours... la moitié de la classe échouait... tous les ans. Nous nous réunissions entre professeurs devant un café et nous riions au nombre de ratés que nous avions dans nos classes. Nous avions l'habitude de dire que celui qui avait le plus grand nombre d'échecs dans sa classe était le meilleur professeur. Je sais maintenant que ce n'est pas la bonne attitude. C'est à peu près à cette époque que ma femme et moi avons commencé à fréquenter une église très dynamique. Les ministres étaient très enthousiastes et nous faisaient des sermons extraordinaires. Toutes les semaines, en sortant de l'église, j'éprouvais le besoin de penser de façon positive et de me montrer enthousiaste dans toutes mes entreprises. J'ai découvert que l'on vous recevait toujours mieux lorsque vous adoptiez une attitude positive pour voir et parler aux gens. Mais mon problème était de savoir comment je pouvais motiver mes élèves et les rendre enthousiastes.

Les ministres de l'église ne cessaient de nous répéter: «Si vous avez un problème, vous trouverez la réponse dans la Bible et dans la prière.» J'ai commencé à lire la Bible, chapitre après chapitre, livre après livre. Je suis arrivé à la Première Épître aux Corinthiens, Chapitre 13 et c'est là que j'ai trouvé la clé. À partir de ce moment-là, le Christ a fait partie de ma vie, je suis allé dans ma classe et j'ai dit à mes étudiants: «Je veux que vous réussissiez tous. Et c'est à moi qu'il appartient de vous faire passer. C'est une matière difficile mais si nous nous y mettons ensemble, vous pouvez tous réussir et apprendre beaucoup.» L'atmosphère était maintenant différente et depuis, je ne cesse de remercier Dieu et le Christ de m'avoir donné cette grâce. Le taux d'échecs avant l'arrivée du Christ dans mes classes était de 50 pour cent. Depuis que j'applique cette nouvelle technique, avec l'aide des étudiants, *tous mes étudiants passent!* L'un d'eux a eu un C plus, un autre un B moins et les autres ont eu des B et des A et pourtant, JE N'AI JAMAIS CHANGÉ MA FAÇON DE LES NOTER!

Souvenez-vous: Goethe a dit: «Traitez les gens comme s'ils étaient ce qu'ils devraient être et vous les aiderez à devenir ce qu'ils peuvent être.»

Dieu croit en vous. Il ne peut se tromper!

Le mendiant était assis de l'autre côté de la rue, en face d'un atelier d'artiste. De sa fenêtre, le peintre croquait le visage de cet homme vaincu et désespéré, avec une différence importante. Dans les yeux morts, il a mis l'étincelle d'un rêveur. Il a durci les lignes du visage pour lui donner l'air d'une personne volontaire et déterminée. Une fois la peinture terminée, il a appelé le pauvre homme et la lui a montrée. Le mendiant ne s'est pas reconnu. «Qui est-ce?» demanda-t-il à l'artiste qui souriait lentement. Puis, voyant quelque chose qui lui ressemblait, dans ce portrait, il a demandé en hésitant: «C'est moi? Est-ce que ça *peut* être moi?» «C'est ainsi que je vous vois», lui a répondu l'artiste. Redressant les épaules, le mendiant a déclaré: «Si c'est l'homme que vous voyez, c'est l'homme que je vais devenir.»

Dieu vous regarde et voit en vous une merveilleuse personne sur le point de naître! Si vous pouviez avoir la vision de ce que Dieu a voulu que vous soyez, vous ne pourriez plus jamais rester en place. Vous vous lèveriez et vous feriez tout pour réussir.

On nous dit que les fourmis naissent avec des ailes, qu'elles volent, qu'elles connaissent la joie et la gloire du vol, puis qu'elles se les arrachent volontairement et choisissent de vivre comme des insectes rampants. Faire un tel choix alors que Dieu leur donne l'empire illimité des airs! Ne faites pas la même erreur en vous limitant!

Vous pouvez y arriver!

Ainsi, vous n'êtes jamais arrivé à rien? Vous n'êtes rien? Vous vous êtes emprisonné dans une forteresse mentale d'auto-condamnation, d'auto-flagellation? Sortez-en! C'est aussi facile que A, B et C.

A- Affirmez: «Les autres y arrivent; les autres *le font*. Alors, moi aussi, je peux y arriver!»

B- Croyez: «Dieu a une meilleure vie que celle-ci en réserve pour moi!»

C- Choisissez: «Je me libère des forces hypnotisantes des pensées négatives qui m'emprisonnent.»

La Bastille est devenu le symbole de la plus complète tyrannie. «Il est impossible d'en sortir», disait-on. Alors, tout le monde le croyait. Un jour, les pauvres prisonniers en ont eu assez. Comme des fous, ils ont tenté ce qui semblait être un combat sans espoir. Et à leur grand étonnement, ils n'ont trouvé que trente gardiens. Et en quatre heures, la Bastille est tombée! Ils avaient réussi l'impossible! La Bastille était démolie!

Pendant des années, vous avez pensé que vous ne pourriez jamais vous libérer et réussir. Eh bien, vous le pouvez! C'est aussi simple que A, B et C.

La confiance en soi: voici comment l'obtenir

1. Les psychiatres peuvent vous aider. Si l'image que vous avez de vous est négative au point que vous avez des idées de suicide, vous devriez obtenir l'aide d'un professionnel. Une analyse en profondeur pourrait vous aider à découvrir certaines expériences négatives pour votre ego, que vous auriez vécues dans votre enfance. Mais je vous en prie, choisissez un psychiatre qui croit en la foi! À New York, il existe une clinique psychiatrique-religieuse liée à l'église Marble Collegiate. Cette clinique a une filiale sur la Côte Ouest, Tower of Hope, qui se trouve sur le campus de notre église de la communauté de Garden Grove.

2. Les *tuteurs* peuvent encourager votre confiance en vous. Alors que certains peuvent avoir besoin d'une aide profes-

sionnelle pour avoir confiance en eux, d'autres n'auront besoin que de quelques accessoires. Dans *L'avocat du diable,* Morris West nous parle d'un personnage qui n'avait qu'à se mettre un oeillet à la boutonnière pour pouvoir affronter le monde avec confiance. Il y en a qui obtiendront le même résultat en changeant de coiffure. Pour vous, il suffira peut-être de vous acheter quelques vêtements. Peut-être avez-vous besoin de maigrir de quelques livres avant de pouvoir avoir confiance en vous. La chirurgie esthétique, nous dit Maxwell Maltz, transforme positivement plus d'un patient.

Mais n'oubliez pas qu'il s'agit là de tuteurs matériels. Ils peuvent vous aider à regagner un peu votre confiance en vous; mais une confiance en soi durable doit avoir des racines spirituelles profondes pour pouvoir survivre aux hauts et aux bas de la vie.

3. Les gens qui ont une certaine influence sur vous peuvent accomplir des merveilles et vous aider à avoir confiance en vous. Recherchez la compagnie de ces personnes et entourez-vous de gens qui savent vous donner confiance en vous.

Un chanteur d'opéra de renommée mondiale devait donner un concert à l'Opéra de Paris, qui était rempli de ses admirateurs. Juste avant la représentation, le directeur est arrivé et a annoncé à la salle: «Nous avons le regret de vous annoncer que le chanteur que vous espériez entendre ce soir souffre d'une laryngite et qu'il sera incapable de donner la représentation.» La foule était déçue. «Cependant», continua-t-il, «j'ai le plaisir de vous présenter un nouveau chanteur plein de promesses qui va chanter pour vous ce soir.» Le chanteur inconnu a chanté merveilleusement bien les premiers morceaux. Lorsqu'il les eut terminés, la foule déçue resta de glace. Pas un seul spectateur n'applaudissait.

La foule était calme et froide, presque insultante. Et soudain, du haut d'un balcon vint ce cri d'enfant: «Papa, moi je t'ai trouvé sensationnel!» Et alors, c'est arrivé. Les applaudissements ont éclaté, forts et interminables!

Le président Theodore Roosevelt a été très fier lorsque ses trois premiers fils lui ont annoncé leur intention de s'engager dans l'armée. Mais lorsque son quatrième fils lui a fait part de la même intention, le président a résisté. «Pas tous mes fils», dit-il. Ce à quoi sa femme a répondu: «Ted, si tu les élèves comme des aigles, tu ne peux quand même pas t'attendre à ce qu'ils volent comme des moineaux.»

L'auteur dramatique William Saroyan a été initié à la confiance en soi à l'âge de treize ans. Il venait d'acheter une machine à écrire. Son cher grand-oncle Garabec lui a rendu visite peu de temps après.

«Mon enfant, qu'est-ce que c'est que ce machin?» demanda le vieil homme.

«Une machine à écrire», lui répondit le gamin.

«À quoi ça sert?»

«À écrire de façon nette.» Et William lui tendit un échantillon.

«Qu'est-ce que c'est que ça?»

«Des pensées philosophiques.»

«De qui?»

«Les miennes.»

Le vieil homme sage regarda la feuille de papier puis la redonna à son neveu en disant: «Continue, car il n'est pas impossible de marcher sur l'eau.»

«Je savais à ce moment-là que j'allais réussir», se souvient William Saroyan. C'est à ce moment-là qu'est née en lui une confiance assez forte pour durer le temps d'une vie!

4. Le cran, cet esprit plein de ressources qui motive l'individu à risquer l'échec en essayant de faire quelque chose tout seul, aide vraiment à acquérir confiance en soi. On ne peut ni acheter ni apprendre la confiance en soi! Vous l'obtenez en prenant des chances et en réussissant!

Le cran, c'est d'essayer
plus fort que jamais

À un kilomètre de mon bureau situé dans l'église de la communauté de Garden Grove, en Californie, se trouve Disneyland, l'histoire d'une réussite extraordinaire. Peu de gens ont fait preuve d'autant de confiance en eux que son fondateur, Walt Disney. Comment y est-il parvenu?

«J'avais presque vingt et un ans lorsque je me suis retrouvé fauché pour la première fois», a dit Disney peu de temps avant sa mort. «Je dormais sur des coussins tirés d'un vieux divan et je mangeais des haricots froids, directement dans la boîte. Puis je me suis dirigé vers Hollywood.» Repensant à sa réussite ultérieure, ce grand homme du cinéma prononça cette phrase qui n'a pas de prix: «Je ne savais pas ce qu'il m'était impossible de faire, alors j'étais prêt à prendre toutes les chances et à essayer n'importe quoi.»

Walt Disney aimait à raconter l'histoire du petit garçon qui voulait tant faire partie de la parade du cirque. Lorsque le spectacle est arrivé dans la ville, le chef d'orchestre a eu besoin d'un joueur de trombone, alors le petit garçon s'est engagé. Il n'avait même pas fait cent mètres que les sons horribles qu'il tirait de son instrument ont créé un désordre indescriptible. «Pourquoi ne m'as-tu pas dit que tu ne savais pas jouer du trombone?» lui a demandé le chef d'orchestre. Le petit garçon lui a répondu simplement: «Comment vouliez-vous que je le sache? Je n'avais jamais essayé avant!»

Commencez par quelque chose de petit

C'est comme apprendre à marcher. L'enfant fait un premier pas en titubant, puis un autre. Il en est de même pour la confiance en vous, que vous devez acquérir petit à petit, en commençant par quelque chose de peu d'importance et, à mesure que vous réussissez, entreprenez des projets plus grands.

Le pont qui traverse le Niagara a été construit de cette façon. On a d'abord lancé un cerf-volant au-dessus des chutes. À ce cerf-volant était attaché un fil, au fil était attachée une corde et à la corde, un câble. C'est ainsi que les câbles et autres pièces ont été déplacés jusqu'à ce qu'un grand pont traverse l'abysse.

Commencez petit et réussissez! Réussissez là où vous êtes puis lancez-vous dans des choses plus importantes. «Élevez-vous là où vous êtes», a dit Edward Barrett avec sagesse. Comme Booker T. Washington l'a dit: «Jetez vos filets là où vous êtes.»

Le plan de Dieu pour votre vie

Trouver et respecter les plans que Dieu a établis pour votre vie est la façon la plus saine et la plus sûre d'avoir confiance en vous. Déjà Dieu vous montre ce qu'il a prévu pour votre vie. Il stimule votre imagination pendant que vous lisez ce livre. Il a commencé à travailler dans votre vie. Et soyez certain que Dieu termine toujours ce qu'*il* a commencé! «Dieu est là qui opère en nous à la fois le vouloir et l'opération même, au profit de ses bienveillants desseins.» (Phil. 2:13) «J'en suis bien sûr d'ailleurs, celui qui a commencé en vous cette oeuvre excellente en poursuivra l'accomplissement jusqu'au Jour du Christ Jésus.» (Phil. 1:6)

Lawrence Welk a publié son autobiographie *Wunnerful, Wunnerful* il y a quelques années. L'histoire de sa réussite me rappelle ce verset de la Bible: «L'aigle secoue son nid afin que les jeunes puissent apprendre à voler.»

Dieu crée souvent des problèmes afin de nous faire sortir, de nous envoyer sur la merveilleuse route qu'*il* a prévue pour nous. Lawrence aurait pu passer sa vie comme fermier dans le nord du Dakota mais une chose *terrible* lui est arrivée. Alors qu'il était encore petit garçon, il s'est réveillé un matin, très malade. À l'hôpital le plus proche, à cent vingt kilomètres de là, on a diagnostiqué une rupture de l'appendice. La péritonite a suivi, le poison ravageait son corps. On lui a inséré un tube afin d'évacuer l'infection mortelle. Les jours fiévreux se sont vite transformés en des semaines terrifiantes. Miraculeusement, il a survécu. Pendant les longs mois de convalescence qu'il a passés dans la ferme de ses parents, il a commencé à jouer de l'accordéon.

Alors, il s'est mis à croire à un *plan divin* pour sa vie. «Il me semblait que Dieu me donnait une seconde chance dans la vie et je priais en lui demandant de me guider afin que je fasse de ma vie ce qui *lui* plaisait le plus.»

Le reste du récit fait maintenant partie de l'histoire. Il a visualisé ce qu'il voulait. Il l'a concrétisé. Il y a travaillé. Il a réalisé ses rêves. Vous pouvez en faire autant.

Faites-vous une image mentale de votre *nouveau vous!* Vous allez changer. Vous changez en ce moment même. Vous allez devenir la personne que vous avez toujours rêvé d'être. Croyez-le.

Rejetez maintenant toutes les anciennes images mentales de vous. Ces images négatives font partie de l'histoire ancienne. Remplacez-les par le portrait futur rêvé de la personne que vous voulez devenir.

Les programmes d'ordinateurs savent que la qualité des résultats est en fonction de la qualité des données d'entrée. Entrez des erreurs dans l'ordinateur et vous aurez des erreurs à la sortie. Si vous échouez, c'est que vous avez entré les images de l'échec dans votre esprit. Vous en retirez donc l'échec. Essayez donc d'entrer la réussite. Réussite à l'entrée, réussite à la sortie! Alimentez votre imagination avec des images de réussite et le résultat sera la réussite!

Ça se passe tout le tour de vous, aujourd'hui. Les gens handicapés, vaincus, découragés apprennent à changer leur vie, leur avenir, leur destinée. C'est à votre tour de cesser d'échouer et de commencer à réussir. Découvrez l'idée que Dieu se fait de votre vie. Vous êtes l'idée de Dieu et Dieu ne rêve qu'à des idées merveilleuses. Il s'attend à de belles choses de vous. Collaborez! Croyez en vous MAINTENANT et tirez parti de toutes les possibilités de votre être.

5

Jouez au jeu de la Pensée des Possibilités et gagnez!

Voyons un peu les progrès que vous avez accomplis jusqu'à présent:

1. Vous avez commencé à raffermir vos buts dans votre esprit.

2. Vous avez adopté une attitude positive face aux problèmes qui se présentent.

3. Vous avez acquis une certaine confiance en vous, vous savez que vous allez y arriver!

Vous êtes maintenant prêt à recevoir le secret le plus précieux que j'aie à partager avec vous. Je vais vous donner la clé de la créativité, ce qui va résoudre votre deuxième gros problème: Comment devenir une personne véritablement créatrice. Sans le développement de l'art de la pensée créatrice, vos rêves seront rapidement enterrés.

Si vous pouvez devenir une personne créatrice, pleine d'invention, trouvant toujours le moyen de s'en sortir, vous transformerez vraiment vos rêves en une réalité extraordinaire!

La créativité est-elle un don ou un art? S'agit-il d'un talent inné que vous avez ou que vous n'avez pas? Ou bien s'agit-il d'une façon de penser spéciale que n'importe qui peut apprendre? Nous avons de plus en plus de preuves qu'il s'agit de cette dernière éventualité.

Le docteur Edwin H. Land, inventeur de l'appareil photo Polaroid, a fait l'expérience de ce phénomène de la créativité. Il a placé des travailleurs manuels aux côtés de personnes créatrices, très actives dans le domaine de la recherche. «C'est incroyable, les travailleurs ont de plus en plus le sens de la créativité», dit-il.

Parmi les milliards de cellules de votre cerveau, il y en a des milliers de géniales mais encore endormies qui n'attendent qu'un signe pour s'éveiller, pour travailler et se libérer! Si vous pouvez trouver le moyen de les stimuler, vous serez surpris de votre intelligence.

Il existe une technique que tout le monde peut apprendre pour réveiller ces cellules endormies. Vous deviendrez un penseur étonnant et vous surprendrez, par votre capacité incroyable de créer, d'inventer et d'innover, ceux qui croyaient si bien vous connaître!

Cette technique, je l'appelle le *jeu de la Pensée des Possibilités.* Vous pouvez apprendre à jouer ce jeu! C'est gratuit! C'est amusant! Ça porte fruit! C'est simple! C'est un défi! C'est excitant! C'est rémunérateur! Je vous promets que ce jeu révolutionnera votre avenir.

Ne vous laissez pas tromper par le mot *jeu.* Dans ce mot, il y a d'énormes forces capables de libérer votre créativité. Nous savons que la créativité ne peut avoir lieu que dans un esprit totalement détendu. Celui qui résout des problèmes peut lutter en vain pendant des heures avec ses problèmes et finalement aller se coucher. Aux premières heures du matin, il se réveillera avec une idée géniale.

C'est ce qui est arrivé à Paul Fisher, qui a inventé le stylo extraordinaire avec lequel je suis en train d'écrire ce livre. Il a ressenti le besoin d'un stylo à bille qui pourrait écrire au plafond, à l'envers, sur l'huile et sous l'eau. Personne ne l'avait encore fait. Tous les stylos à bille fonctionnaient sur le principe de la gravité. Il a dépensé un million de dollars et des mois à essayer de trouver un nouveau moyen. À trois heures du matin, un jour, il s'est réveillé avec le secret qui a rendu cette invention possible. Le stylo Fisher est allé sur la lune. Il était conforme aux exigences de la NASA, étanche, durable, ne coulant pas sous l'effet de la gravité; c'était le stylo parfait pour écrire dans l'espace.

Une relaxation profonde permet d'éliminer la tension qui bloque la créativité du subconscient et permet aux concepts ingénieux de passer à la lumière de l'esprit conscient. Richard Neutra, l'architecte reconnu comme l'un des hommes les plus créateurs du pays, produisait ses meilleurs travaux entre quatre heures et sept heures du matin. Son subconscient était totalement relaxé à cette heure-là de la journée.

Alors que j'écris ces mots, je me trouve sur un paquebot de croisière dans le Sud du Pacifique. Les mers tranquilles, les petits nuages et le murmure relaxant de l'eau sur laquelle flotte le navire balayent toute la tension des responsabilités. Les idées me viennent, nombreuses et rapides.

Assis sur une chaise longue, je suis entouré de gens. Je réalise que je ne serai dérangé par rien d'important. Un passager peut s'arrêter pour discuter deux minutes. Cela ne crée aucune tension car cette interruption n'implique aucune responsabilité. Dans mon environnement habituel, je m'aperçois que les idées créatrices ne me viennent que lorsque je suis à l'abri de toute interruption indésirable impliquant des responsabilités.

Le fait d'attendre ces interruptions pressantes produit assez de tension à un niveau assez profond pour que toute créativité s'en trouve bloquée. Dans mon milieu habituel, les meilleures idées me viennent lorsque je suis seul dans ma voiture ou lorsque je suis dans un avion. Dans ces moments-là, on ne peut me rejoindre au téléphone, on ne peut m'envoyer de télégrammes, ma secrétaire ne peut me rejoindre et personne ne peut frapper à ma porte. C'est ce qui explique peut-être pourquoi tant de gens ont leurs meilleures idées lorsqu'ils s'asseoient dans une église. Cela explique aussi pourquoi tant de gens ont leurs meilleures idées le matin de bonne heure. Dans ces moments-là, les tensions défensives générées par l'attente d'une interruption sont absentes. Vous savez que personne ne vous ennuiera à cinq heures du matin. Alors vous vous détendez complètement. Vous êtes encore libre des tensions qui s'accumulent au fur et à mesure que le jour se déroule. Les appels téléphoniques, les lettres, les visiteurs amènent des problèmes et produisent des pressions engendrant la tension. À la fin de la journée, vous êtes comme un bateau de croisière. Il est arrivé en retard à plusieurs ports. Pourquoi? Il est en mer depuis plus d'un an sans qu'on l'ait nettoyé. Les coquillages s'y sont accrochés sur plusieurs couches qui sont maintenant assez épaisses pour ralentir le bateau de deux noeuds à l'heure. C'est ainsi que la pensée créatrice du début de la journée est tranquillement incrustée et le poids des expériences engendrant des tensions augmente alors que midi approche. Une mauvaise nouvelle, un ennui, un rejet, un recul: la tension augmente et à midi vous vous attendez à de nouvelles difficultés.

La créativité est liée à une relaxation profonde. Le mot même de *travail* engendre des tensions. Le travail implique des responsabilités. Cela implique une obligation qui, à son tour, produit une tension inconsciente bloquant la créativité. Le mot *jeu* suggère la libération des responsabilités et des obligations; il implique un esprit sportif qui implique l'excitation du défi à relever et du risque à prendre (dans les limites de la sécurité). Vu qu'il ne s'agit que d'un jeu, votre subconscient va se détendre sachant que vous n'êtes plus vulnérable!

Voyons l'état d'esprit engendré par l'idée du jeu:

1. *Le risque:* Vous n'avez pas la *peur* d'échouer. «Si je perds, ce n'est qu'un jeu!» Vous *osez* penser dans toutes les dimensions possibles. C'est l'arène où se font tous les progrès.

2. *Battre des records:* Cette attitude mentale vous entraîne à penser grand, à aller plus loin, à essayer plus que vous ne l'avez encore jamais fait. Vous vous mettez dans un état d'esprit tel que vous avez résolu les plus grands problèmes qui bloquaient votre créativité, à savoir, comment *penser plus grand que vous n'avez encore jamais pensé.* Presque toujours, la solution géniale à un problème est aussi simple que ça. Dépenser plus d'argent. Engager plus de gens. Former un nouvel organisme. Voyager plus loin. Appeler cet expert en Europe, etc.

3. *Libération de tout engagement:* Étant donné qu'il ne s'agit que d'un jeu, vous pouvez abandonner quand vous en avez envie sans faire atteinte à votre réputation. Vous êtes libre de la tension subconsciente engendrée par la peur de l'engagement qui fait que vous craignez d'être pris au piège par des responsabilités futures. Étant donné qu'il ne s'agit que d'un jeu, vous pouvez relaxer, dans la liberté totale de l'absence de responsabilités.

Générez un climat mental conducteur de créativité

Le mot *possibilité* est une autre des clés de la réussite de cette formule. Ce mot crée un climat mental menant à la créativité. Vous n'avez qu'à penser que c'est possible et vous commencerez à libérer les cellules du cerveau de leur prison invisible des mécanismes de défense du subconscient. Pour comprendre la puissance cybernétique de ce mot, considérez son antonyme, ce mot malheureux de treize lettres, *impossibilité*. Lorsque ce mot est prononcé à voix haute, il a des effets dévastateurs. La pensée s'arrête. Le progrès fait une halte. Les portes se ferment. La recherche cesse. Toute expérience ultérieure est détruite. Les projets sont abandonnés. Les rêves sont rejetés. Les meilleures et les plus brillantes des cellules du cerveau se referment, se cachent, se refroidissent et se réfugient dans quelque coin sombre, caverneux mais sécuritaire de l'esprit. Par cette manoeuvre défensive, l'esprit se protège de la piqûre douloureuse des déceptions, des rejets brutaux et des espoirs déçus.

Que quelqu'un prononce les mots magiques *C'est Possible.* Ces mots, avec la même puissance que l'appel de la trompette, pénètrent dans les royaumes subconscients de l'esprit, défiant et appelant ces fières puissances, leur demandant de s'éveiller. Les rêves enterrés ressuscitent. Les étincelles d'un enthousiasme nouveau scintillent et se transforment en une flamme éclatante. Les forces se remettent en mouvement. Les dossiers poussiéreux sont rouverts. La lumière s'allume dans les laboratoires depuis longtemps assombris. Les téléphones recommencent à sonner. Les machines à écrire font entendre leur cliquetis musical. Les budgets sont révisés et adoptés. Les annonces *Employés demandés* sont affichées. Les usines sont réoutillées et rouvertes. De nouveaux produits font leur apparition. De nouveaux marchés ouvrent leur porte. La récession est finie. Une nouvelle ère, celle de l'aventure, de l'expérience, de l'expansion et de la prospérité commence.

Maintenant, jouez au jeu de la Pensée des Possibilités En voici les règles

Commencez par croire que vous avez des dons cachés de créativité. Vous allez respecter, croire et admirer vos idées. Toute personne peut être créatrice.

Au vieil hôtel El Cortez à San Diego, en Californie, il y avait un problème. Il y avait un besoin désespéré d'un nouvel ascenseur pour desservir la nouvelle salle à manger qui se trouvait sur le toit. On a consulté des ingénieurs et des architectes. Des plans ont été formulés. On pouvait le faire, ils étaient d'accord, en coupant et en éliminant certaines des meilleures chambres à chaque étage, en construisant une nouvelle cage et en creusant sous les fondations. C'était dispendieux et cette solution n'était pas satisfaisante.

Pendant que les experts discutaient de ce projet, un employé de l'hôtel surprit la conversation. Il s'inquiétait de la poussière et de la saleté qui se propageraient à chaque étagc pendant la construction. S'avançant d'un pas tranquille vers les autorités, vêtues élégamment, il dit: «Pourquoi ne le construisez-vous pas à l'extérieur de l'édifice?» Personne n'y avait pensé! Maintenant, la cage vitrée s'élève à l'extérieur de l'hôtel, offrant une vue magnifique du port aux invités qui montent vers le toit de l'hôtel. Cet accomplissement fut le premier de la sorte et a été imité à travers le monde.

Prêt à jouer le jeu? Vous pouvez jouer seul. Cependant, vous serez beaucoup plus dynamique si vous vous associez à au moins un autre penseur des possibilités pour essayer d'imaginer toutes sortes de façons sérieuses (ou ridicules) de transformer un rêve impossible en rêve possible!

Vous vous mettez d'accord à laisser libre cours à votre imagination. Vos principes de morales et d'éthique seront les seules limites de votre imagination. Commencez par écrire les nombres de un à dix en colonne sur une page blanche. Défiez tous les participants d'imaginer dix façons d'atteindre le but particulier ou de solutionner le problème ou d'apporter le rêve impossible dans le domaine de la probabilité. Rappelez-vous, tout est bon. Plus l'idée est bizarre, meilleure elle est.

Lors d'une visite chez un ami au Japon, je fis ce commentaire renversant: «Je crois qu'une église dans laquelle on pourrait entrer à pied ou en automobile ferait fureur au Japon!»

Il demeura perplexe.

«Cette idée passerait le test des quatre questions qui déterminent le succès» ajoutai-je sérieusement et j'élaborai:

1. Est-ce une idée pratique? Oui! Ça permettrait à certaines gens qui n'iraient pas dans une église traditionnelle de pratiquer leur culte dans leur voiture.

2. Est-ce une idée avant-gardiste? Oui! Ça ne s'est jamais vu auparavant et ça nous fournirait des milliers de dollars de publicité.

3. Est-ce une idée inspirante? Oui! Ce pourrait être un endroit d'une grande beauté autant pour l'oeil que pour l'oreille.

4. Est-ce une excellente idée? Oui! Ça dépasserait tout autre développement religieux par son ampleur et son utilité!

À ce stage, j'étais tellement enthousiasmé que j'ai bondi et j'ai dit: «Ted, faisons-le!»

«Impossible, Robert,» a-t-il dit en ajoutant: «Dix arpents de terrain ici coûteraient cinq millions de dollars.»

J'étais abasourdi.

Il continua: «Et toi autant que moi savons bien qu'il n'est pas possible pour une église de se procurer des revenus suffisants pour payer un coût aussi élevé au départ.»

«D'accord, Ted. Nous savons donc que c'est impossible. Imaginons-nous que ce soit possible, d'une manière quelconque! Jouons le jeu de la pensée des possibilités. Prêt?»

Nous avons ri. Comment une église sans fidèles pourrait-elle parvenir à acheter un terrain de cinq millions de dollars? Nous avons mentalement fait une liste de moyens possibles: Trouver un donnateur qui contribuerait cinq millions de dollars. Trouver cinq donateurs qui fourniraient un million chacun. Nous avons verbalisé ces possibilités plutôt ridicules et irréalistes et comme de fait, une troisième possibilité surgit: Trouver un million de gens à travers le monde qui donneraient cinq dollars chacun. Engager une agence de publicité. Placer une annonce honnête, inspirante et touchante pour vendre l'idée du Club du Million de Membres aux chrétiens d'Angleterre, d'Allemagne, de Hollande, du Canada et des États-Unis. Une promotion de $250 000 bien planifiée et bien placée pourrait réussir. Louer des listes d'adresses de gens autour du monde qui donnent aux causes missionnaires. Ça pourrait fonctionner. En élaborant ce plan à haute voix, nous faisions appel aux cellules les plus brillantes de notre cerveau qui arrivèrent à une quatrième possibilité: Former une Association de Chrétiens qui achèteraient dix arpents de terre. Utiliser sept arpents en stationnement. Sur trois arpents de jardins, ériger trois édifices de trente étages pour abriter les bureaux des entreprises les plus prestigieuses du Japon. Ériger ensuite un centre culturel à l'usage de la communauté pour l'art dramatique et la musique, réservant, sur le contrat de location, l'usage de l'édifice pour les services religieux du dimanche matin. Choisir un point stratégique sur l'autoroute entre Tokyo et Yokohama. Ça irait. C'est vraiment faisable!

Le Jeu de la Pensée des Possibilités a encore fonctionné! Essayez-le vous-même. Utilisez-le pour solutionner n'importe quel problème, grand ou petit. Mais suivez soigneusement ces règles:

1. *Acceptez d'écouter:* avec une oreille branchée au poste de la possibilité. Écoutez ces idées étranges, extraordinaires et créatives qui s'infiltrent dans un coin de votre esprit. Osez les exprimer, toutes! Même si elles vous semblent idiotes. Vous ne vous inquiéterez pas d'être ridiculisé. Après tout, dites-vous que ce n'est qu'un jeu. Toutefois, cette règle, que les joueurs ont acceptée, exige que chaque joueur soit attentif à chaque idée offerte. Aucune idée n'est méprisée, rejetée, dédaignée ou ridiculisée comme étant une suggestion impossible.

2. *Acceptez de porter intérêt:* Le jeu de la Pensée des Possibilités doit avoir un objectif fondamental sérieux. Il doit y avoir un point d'intérêt profond pour ouvrir le jeu et le continuer. Si vous jouez le jeu en essayant d'imaginer dix façons possibles de faire un million de dollars et que vous ne désirez pas réellement posséder un million de dollars, vos cellules

mentales les plus créatives ne seront pas activées. C'est seulement quand le subconscient croit profondément que le projet est très, très important, c'est alors et alors seulement que les puissances cachées somnolant dans les profondeurs obscures de l'inconscient se réveillent et se manifestent à la conscience créative. Le jeu de la Pensée des Possibilités produira des idées nouvelles excitantes et sérieuses si les esprits impliqués dans le jeu sont vraiment, vraiment intéressés!

Un jour, lors d'une discussion de table ronde, Norman Shumway, un fameux chirurgien, pionnier des transplantations cardiaques, fut interrogé à savoir si les coeurs artificiels seraient un jour inventés.

«Impossible» a-t-il dit. Et il expliqua ensuite: «Ça nécessiterait une source génératrice d'énergie permanente et infaillible.» Pour clore la discussion, il déclara: «Et si une telle chose existait, vous n'auriez pas besoin de réservoir d'essence dans votre voiture.» Après ce commentaire, tous les membres du groupe de discussion restèrent interdits. Toutes les discussions qui suivirent furent centrées sur des sujets tels que: comment surmonter les problèmes du rejet de tissus étrangers par le corps.

Quelques semaines plus tard, je mentionnai le problème de la fabrication d'un coeur artificiel à quelques associés et nous avons décidé de jouer le jeu de la Pensée des Possibilités et d'aborder cette impossibilité. Nous avons défié notre imagination de trouver dix façons de résoudre le problème. Pour nous, ce n'était qu'un jeu. Néanmoins, nous étions profondément intéressés en ce sens que nous savions que si elle était possible, l'invention d'un coeur artificiel aurait une valeur inestimable pour le bien-être de l'humanité. Je ne me souviens pas de toutes les solutions bizarres suggérées mais je me souviens d'une des suggestions: «Pourquoi ne pas placer la source d'énergie à l'extérieur de la cavité thoracique? Convenir d'une source d'énergie temporaire et simplement changer les piles régulièrement. Deux piles de rechange pourraient être branchées en tout temps pour assurer un débit soutenu d'énergie fournissant ainsi un système de sécurité.» *Un sentiment d'urgence a un effet de stimulation énorme.*

3. *Posez des questions d'envergure:* Tous les joueurs sont d'accord pour enquêter et poser des questions pour défier l'imagination. C'est un truc des plus rémunérateurs. Un de nos employés psychologues a dit: «Presque tous les gens-problèmes que nous voyons à notre clinique ont atteint un niveau frustrant de désespoir parce qu'ils ne posent pas assez de grosses questions.»

Pendant des siècles, l'homme s'est assis sous des pommiers. Les vents ont soufflé, les pommes sont tombées. Les pommes frappaient les têtes. Pour des milliers d'années, la réaction à cette situation était prévisible: Ou bien l'homme se mettait en colère après l'arbre, le vent ou la pomme, ou bien il avait faim et ne se fâchait pas, il mangeait simplement la pomme ou encore, il avait l'esprit ailleurs et ignorait complètement cet événement banal. Puis un jour, la pomme est tombée sur la tête d'un certain homme. Quelle fut sa réaction? Cette fois, cet homme spécial, Isaac Newton, a réagi différemment. Il a posé une grande question: «Pourquoi la pomme est-elle *descendue* et non pas *montée*? Pourquoi est-elle tombée au lieu de s'élever comme une plume au vent?»

Une grande question, incroyablement simple, ouvrit la pensée créative et révéla la loi de la gravité. La Curiosité est la Mère de la Créativité, tout comme la Nécessité est la Mère de l'Invention.

Voici un autre exemple. À un certain moment, toutes les stations radiophoniques de la Nouvelle-Zélande appartenaient au gouvernement qui était aussi responsable de leur fonctionnement. Une de mes connaissances, Jim Frankham Jr, d'Auckland, avec quelques jeunes amis dynamiques à la *Pensée des Possibilités* décidèrent que le pays s'enrichirait largement si les stations radiophoniques pouvaient appartenir et être contrôlées par des particuliers.

«Impossible!» leur dit-on. «Le gouvernement ne le permettra jamais.»

La grande question: Comment pouvons-nous diffuser aux gens de la Nouvelle-Zélande sans violer la loi?

Une nuit les gars ont décidé de jouer le jeu de la Pensée des Possibilités. Le grand coup fut l'idée géniale d'un jeune avocat. Placer un poste transmetteur sur un navire devant jeté l'ancre à deux kilomètres de la côte et diffuser au continent. Ils avaient la réponse mais pas d'argent pour acheter ni louer un navire. Encore une fois, ils jouèrent le même jeu. Le résultat? Ils ont contacté un riche armateur qui était favorable à leur idée.

«Je vous permets d'utiliser un de mes navires, gratuitement, à une condition», offrit-il. «Si vous réussissez à faire céder le gouvernement et qu'il vous permette de fonctionner légalement sur *la terre ferme,* alors je veux un poste de directeur dans votre conseil.»

«Marché conclu», s'écrièrent-ils unanimement.

Maintenant, un autre problème *impossible* se présentait. Pour sortir le navire du port, il faudrait obtenir un permis du ministre de la Marine. Par surcroît, ce même ministre était aussi ministre de la Radiodiffusion. Ils étaient certains qu'il ne permettrait pas le départ du navire. Puisque Jim et ses amis étaient sincèrement religieux, ils n'envisagèrent pas la défaite.

«Essayons toujours» suggéra l'un du groupe. «Nous n'avons rien à perdre.»

L'officier du gouvernement écouta la requête des jeunes hommes. Sa réponse fut renversante. Avaient-ils bien compris?

«Voici ce que je vais faire» dit-il. «Je vais vous laisser naviguer. Le fait est qu'en tant que ministre de la Radiodiffusion, je pensais personnellement que notre pays gagnerait à avoir des stations radiophoniques commerciales privées. Mais je ne peux même pas en parler! Mais si vous commencez la diffusion et que vous faites un travail constructif au point que les gens font des pressions à mon ministère pour changer notre politique nationale et permettre la diffusion privée, bien je ne l'empêcherai pas.»

Ceci est arrivé il y a quelques années. Le navire a vogué et la station radiophonique émettait des ondes dans les eaux internationales. Les Néo-zélandais furent renversés, ensuite inspirés, charmés d'entendre des voix pures et libres à leur poste récepteur. Ils réagirent. La pression pour la diffusion privée augmenta. En moins de deux ans, le gouvernement se laissa convaincre et autorisa le premier poste commercial à opérer dans ce pays! Maintenant, il y a quatre autres postes privés de diffusion en opération.

Faites une enquête! Vous trouverez un moyen!

4. *Innovez:* Développez l'habileté de localiser les principes de succès dans les situations similaires et, ceci est très important, dans les situations aucunement apparentées. Isolez ces

principes, reliez-les à votre problème, intégrez-les à votre propre situation et vous deviendrez un innovateur!

Cyrus McCormick utilisait ce principe lorsqu'il se faisait couper les cheveux. Le barbier utilisait une tondeuse à l'ancienne. «Pourquoi ne pas utiliser ce principe de barre coupante et *mobile* dans une machine à couper le grain?» pensa-t-il. Le résultat? La coupe manuelle de l'avoine fut remplacée par une nouvelle invention appelée la moissonneuse McCormick.

Prenez l'habitude de localiser et d'analyser toutes les opérations fructueuses. Trouvez pourquoi ça fonctionne. Demandez-vous quel principe positif est utilisé. Songez s'il est possible de l'adapter à d'autres situations.

5. *Présumez le succès:* En jouant le jeu de la Pensée des Possibilités, il ne vous est pas permis de verbaliser des phrases qui détruiraient la créativité comme «Ça coûte trop cher», «Nous ne pouvons nous le permettre», «Nous n'avons pas le temps», «Nous n'avons pas l'équipe», «La loi ne le permettra pas.»

Si vous soupçonnez que des problèmes financiers, personnels ou de temps existent alors, vous jouez à des jeux séparés, centrés sur ces problèmes traditionnels en vous demandant: «Où et comment pouvons-nous trouver l'argent?» «De qui avons-nous besoin pour former l'équipe?» «Comment pouvons-nous résoudre le problème de temps?» «Comment pouvons-nous faire changer la loi?» «Comment pouvons-nous économiser temps et argent?»

Entre-temps, vous devez fonctionner sur l'hypothèse que chacun de ces problèmes sera solutionné. Si le projet, la cause, le rêve ou le but est vraiment vital, vous ne serez pas arrêté par des obstacles apparents. Vous faites des manoeuvre, des reconnaissances et vous explorez. Vous n'arrêtez pas, vous allez de l'avant, présumant que d'une manière ou d'une autre, une porte s'ouvrira, le renfort se présentera, les solutions seront trouvées, l'aide arrivera, une façon d'y arriver sera découverte.

Si votre cause est valable, présumez que les problèmes financiers seront résolus à mesure que vous avancez. En jouant votre jeu, utilisez ce règlement: L'argent est disponible sans limites. Pensez à ces idées qui feraient surface si vous saviez que vous avez accès à des millions de dollars pour financer votre projet. Ne laissez jamais l'insuffisance financière réprimer vos pensées au stade créatif! Si vous émettez un concept emballant, l'argent coulera vers vous! Des millions de dollars s'empilent quotidiennement dans des comptes d'épargne à travers le monde. Cet argent attend, espérant de nouvelles occasions pour de bons investissements.

Présumez que les lois peuvent être et seront changées. S'il existe des lois vous empêchant de faire ce que vous voulez faire, engagez un avocat Penseur des Possibilités, ou communiquez avec vos représentants élus.

Le docteur William Brashears de Fullerton en Californie, décida de bâtir un beau centre d'achats sur une parcelle de terrain stratégique de dix arpents. Cet emplacement de choix se trouvait à une croisée de chemin importante. C'était curieux que personne ne l'ait développé plus tôt parce que c'était «naturellement» un coin commercial. Des recherches en révélèrent la raison. Un canal de contrôle d'inondation était destiné à passer au milieu de ce terrain. La loi interdisait toute construction sur un canal de contrôle d'inondation.

«Pourquoi pas?» demanda Bill. «Pourquoi est-ce qu'un tunnel souterrain ne pourrait pas être bâti pour transporter le débit d'eau? Avec des méthodes de construction moderne, il était possible de construire par-dessus en toute sécurité.»

Il a cru. Il est parti en croisade. Il a vaincu! La loi fut changée. De nos jours, le Centre Brashears brille de toute sa structure de douze étages. S'écoulant sans dommage en-dessous, dans un tunnel de béton armé, il y a le canal de contrôle d'inondation.

Présumez aussi que différentes difficultés et détails financiers, techniques, politiques, légaux ou psychologiques peuvent être résolus par des experts. Présumez que dans ce vaste monde, il y a quelqu'un quelque part qui a le cerveau pour vous aider à réussir. Présumez que vous pouvez compter sur son aide.

Quelques jeunes gens de la Côte Ouest ont mis sur pied une nouvelle entreprise et ont réussi à la surprise de tous à engager un chimiste de renommée mondiale. «J'avais besoin de changement, de quelque chose de neuf, de jeune, de stimulant et quand ces jeunes gens m'ont contacté, eh bien, j'ai été fasciné» expliqua le chercheur estimé.

Présumez que vous pourrez organiser et ré-organiser votre horaire pour faire ce qui doit être fait. Si vous parlez d'un programme qui semble demander une période de cinq ans et que vous n'avez qu'un an pour l'accomplir, n'abandonnez pas. Présumez que vous trouverez un moyen de le faire cinq fois plus vite.

6. *Maintenant, approchez-vous de Dieu:* Laissez-vous inspirer par l'Esprit Créateur de l'univers, Wilma Todd est née avec une paralysie cérébrale et elle vit dans une chaise roulante. Elle fait partie d'un groupe d'amis de la chaise

roulante qui ont formé une équipe de quilles. Ils s'appellent les «ON EST CAPABLE.»

«Comment donc pouvez-vous jouer aux quilles?» lui demandai-je.

«Nous voulions tellement jouer aux quilles que nous avons fait construire une rampe et nous laissons la boule rouler jusqu'au but. On s'amuse beaucoup!» Wilma riait en ajoutant: «Ce ne sont pas nos incapacités mais nos capacités qui comptent.» Tout ce dont nous avons besoin, c'est la foi. Quelqu'un a dit: «La foi, c'est la responsabilité, ma réponse à l'habileté de Dieu.»

Jouez donc le jeu de la Pensée des Possibilités et vous découvrirez, retrouverez ou détecterez une habileté mystérieuse à être une personne vraiment créatrice. Vous serez invité à des soirées pour résoudre des problèmes et on vous présentera avec les mots: «Voici une personne qui est capable de trouver une façon qui nous permettra de le faire.»

6

Maintenant, éliminez votre peur de l'échec et foncez droit devant

Vous rappelez-vous du barreau dans la cage au tigre? Vous souvenez-vous combien vous vous êtes senti libre quand vous avez réussi à le briser?

Attention. Juste au moment où de nouvelles possibilités excitantes se présentent, vous pouvez vous attendre à ce qu'un vieil ennemi réapparaisse et essaie de se réinstaller.

Pour réussir à devenir la personne que vous voulez être, éliminez immédiatement et à jamais le problème incessant appelé: *la peur de l'échec.*

Vous pouvez avoir rêvé à des solutions, vous pouvez avoir des idées créatives mais tant que vous ne vaincrez pas la peur de l'échec, votre projet ne pourra jamais se manifester. Vos buts se changeront en bancs de sable sur lesquels s'écraseront les vagues de vos meilleures idées; au lieu de vous propulser, ils vous mettront en panne. Les buts inspirent les Penseurs des Possibilités vers l'aspiration. Les buts tendent à inspirer les penseurs craintifs vers l'exploitation.

Ceci peut expliquer pourquoi le penseur négatif, Sigmund Freud, s'objectait au fait de se fixer des buts. Il voyait les dangers possibles. «Les buts non-atteints génèrent la maladie en causant de l'anxiété et de la frustration», prétendait-il.

Cela peut aussi expliquer pourquoi un autre psychiatre viennois, le Penseur des Possibilités, Viktor Frankl, insiste sur le fait de se fixer des buts. Il voit les possibilités. «Une absence de buts enlève tout sens à la vie», dit-il.

En vérité, Freud et Frankl ont tous les deux raison! Cependant, la solution n'est pas de craindre les buts mais d'éliminer la peur de l'échec. Par la Pensée des Possibilités, vous enrayez l'échec de votre vie. C'est ce que vous faites lorsque vous transformez l'échec d'une force négative en une force positive. Vous y arrivez en redéfinissant l'échec.

L'échec ne signifie pas que vous êtes un raté... ça signifie que vous n'avez pas encore réussi.

L'échec ne signifie pas que vous n'avez rien accompli... ça signifie que vous avez appris quelque chose.

L'échec ne signifie pas que vous avez été idiot... ça signifie que vous avez eu une grande foi.

L'échec ne signifie pas que vous êtes déshonoré... ça signifie que vous avez eu la volonté d'essayer.

L'échec ne signifie pas que vous ne l'avez pas... ça signifie que vous devez le faire de façon différente.

L'échec ne signifie pas que vous êtes inférieur... ça signifie que vous n'êtes pas parfait.

L'échec ne signifie pas que vous avez gâché votre vie... ça signifie que vous avez une raison de recommencer à neuf.

L'échec ne signifie pas que vous devez abandonner...ça signifie que vous devez essayer plus fort.

L'échec ne signifie pas que vous n'y arriverez jamais... ça signifie que ça prendra un peu plus de temps.

L'échec ne signifie pas que Dieu vous a abandonné... ça signifie que Dieu a une meilleure idée!

Grâce à cette définition positive de l'échec, vous éliminez vraiment l'échec tel qu'il est habituellement compris et défini par les penseurs négatifs. L'échec n'est jamais réellement un échec s'il devient un guide ou une puissance fortifiante. Le véritable échec n'est rien d'autre qu'une attitude mentale négative. Vous avez une idée géniale? Vous craignez qu'elle ne réussisse pas? Maîtrisez votre crainte de l'échec en vous nommant «chercheur». Maintenant *essayez* et appelez votre tentative une «expérience». Ainsi, l'échec est impossible! Chercheurs et analystes ne peuvent pas échouer, ils réussissent toujours à tester une idée pour savoir si elle fonctionne ou non!

Bannissez la crainte de votre pensée

Il y a deux émotions qui vous domineront et pousseront, la foi ou la peur. N'abandonnez jamais la direction de votre vie à la crainte. La Bible est remplie d'ordres au courage. Quelqu'un a compté les *Ne crains pas* dans la Bible pour découvrir qu'il y a 365 versets dont le thème divin est *Ne crains pas*. Un pour chaque jour de l'année! Lisez quelques-uns de ces appels au courage:

Ne crains pas de passer par les eaux troubles, elles ne te submergeront pas: si tu traverses le feu, tu ne t'y brûleras pas, car je suis Yahvé, ton Dieu et je suis avec toi. (Isaac 33:1-2)

Sois fort et tiens bon! Sois donc sans crainte ni frayeur, car Yahvé ton Dieu est avec toi partout où tu iras. (Jos. 1:9)

La peur négative est anormale

Parce que la plupart, sinon tous les humains, sont enclins à la peur à l'occasion, cela ne signifie pas que la peur soit normale et naturelle. L'état normal de l'homme, c'est la santé. L'état anormal, c'est la maladie. La peur n'est pas normale en ce sens qu'elle ne vient pas de Dieu. Elle vient de l'esprit incrédule des penseurs négatifs. La Bible nous enseigne clairement: «Ce n'est pas un esprit de crainte que Dieu nous a donné, mais un esprit de force, d'amour et de maîtrise de soi.» (2 Tim. 1:7)

Le docteur E. Stanley Jones, l'un des esprits les plus savants de notre siècle le résume admirablement:

> *Je constate que je suis façonné intérieurement pour la foi et non pour la peur. La peur n'est pas mon pays natal; la foi l'est. Je suis ainsi fait que les soucis et l'anxiété sont du sable dans la machine de la vie; la foi, c'est l'huile. Je vis mieux par la foi et la confiance que par la peur, le doute et l'anxiété. Dans l'anxiété et l'inquiétude, mon être suffoque, cette atmosphère lui est étrangère. Mais si je respire la foi et la confiance librement, voilà mon atmosphère familière. Un docteur de l'hôpital John Hopkins dit que: «Nous ne savons pas pourquoi les inquiets meurent plus vite que les paisibles mais c'est un fait.» Mais moi, qui suis simple d'esprit, je crois savoir: nous sommes construits intérieurement de nerfs et de tissus, d'un cerveau et d'une âme pour la foi et non pour la peur. Dieu nous a faits ainsi. Vivre dans l'inquiétude, c'est vivre contre la réalité.»**

* *E. Stanley Jones, Abundant Living* (Nashville, Tenn: Abingdon Press).

La peur - Une force paralysante

Aucune force ni émotion n'est aussi paralysante que la peur. Elle arrête un vendeur qui s'apprêtait à faire une visite à un client; elle empêche un jeune homme de faire une demande en mariage; un postulant de passer une entrevue pour un emploi; un directeur quelques instants avant qu'il ne prenne une décision importante; un chercheur de vérité sur le point de dédier sa vie à Dieu.

Dans tout le spectacle sordide et lamentable des peurs humaines, aucune n'est aussi destructive et défaitiste que la peur de l'échec. Bannissez cette peur de votre vie.

Arrêtez vos peurs
avant que
vos peurs ne vous arrêtent

Voici comment

1. Exposez votre peur de l'échec à la lumière de la vérité. La peur se nourrit de l'obscurité. La foi s'épanouit à la lumière du jour. Projetez la lumière de la compréhension sur votre peur de l'échec et vous découvrirez avec émerveillement que vous n'avez vraiment pas peur de l'échec après tout. Vous croyez que vous avez peur de l'échec, mais vous n'en avez pas peur. Ce que vous craignez vraiment c'est que si vous échouez, vos amis et proches vous ridiculiseront et vous laisseront tomber. La peur de l'échec est en fait, la peur de l'embarras ou de l'abandon. Mais pourquoi craindre l'abandon? Après tout, vous êtes capable de prendre soin de vous-même.

Alors, pourquoi avez-vous peur? Parce que la peur d'être abandonné est une peur de perdre votre estime de soi et vous craignez la disgrâce. *Donc vous n'avez pas réellement peur de l'échec, vous le pensez seulement.* Vous craignez de perdre votre respect de vous-même! Rappelez-vous que les gens n'abandonnent jamais un perdant tenace. Pendant des années, les Mets de New York étaient la risée du monde du baseball. Mais leurs supporteurs les aimaient malgré tout parce qu'ils savaient que leur équipe essayait de gagner. Finalement, en 1969, les Mets gagnèrent les Séries mondiales. La foi des supporteurs n'avait pas été vaine.

Les rats s'enfuient d'un navire en péril. Les amis qui vous quittent à cause d'un échec ne sont pas de vrais amis. «*Un ami véritable,* a dit un sage, est celui qui arrive quand le reste du monde s'en va.» Les meilleures gens au monde accourent auprès d'un honnête perdant et lui demande: «Que puis-je faire pour t'aider?» Admirant votre esprit, ils vous tapent affectueusement dans le dos avec un compliment sincère: «Tu es un vrai sportif.»

Vous vous aimerez réellement quand vous découvrirez que vous possédez des amis extraordinaires. Rappelez-vous que l'échec honnête n'est pas une disgrâce, le manque de foi est la véritable honte. La lâcheté est une honte.

Si vous n'essayez pas parce que vous craignez de devoir travailler plus fort, de vous sacrifier davantage ou de vous impliquer, c'est ignoble! Quand vous essayez sans relâche et que vous démontrez du dévouement, du courage, de la foi, de l'oubli de soi, vous vous attirez de nouveaux amis véritables, de ceux qui rehaussent votre respect de vous-même.

Étant fait à l'image de Dieu, l'homme ne peut supporter la honte. La nature de l'homme exige d'être traitée dignement.

La peur de l'échec est un mécanisme de défense artificiel fabriqué inconsciemment pour abriter l'ego insécure et l'empêcher de s'aventurer dans une expérience risquée et possiblement embarrassante.

2. Vous décidez de bâtir votre propre dignité en ignorant votre soi-disant crainte de l'échec et vous développez une perspicacité incroyable qui vous fera découvrir que la peur de l'échec n'encourage ni ne protège le respect de soi. En réalité, cette peur est un contraceptif qui empêche le respect de soi. Supposons que vous ayez une grande idée, mais ayant déjà cédé à la crainte de l'échec, vous laissez échapper une occasion en or. Vous restez à l'abri de la peur de l'embarras mais maintenant vous vous ennuyez. *L'ennui ne construit pas l'estime de soi.* Que fait l'ennui? Il vous donne tout le temps de penser: «Ça aurait pu marcher.»

Je cite ici John Greenleaf Whittier:

De tous les mots tristes de la langue ou de la plume,
Les plus tristes sont ceux-ci: «Ç'aurait pu arriver.»

Vous vieillissez en collectionnant et en nourrissant une multitude de regrets. Pourquoi n'ai-je pas fait ceci? Ou cela? Pourquoi ne l'ai-je pas acheté quand j'en ai eu la chance? Pour vous déprimer davantage, vous pouvez voir quelqu'un d'autre saisir cette bonne occasion. Il a du succès et vous en devenez jaloux. Les affres de la jalousie outrée vous rendront plus amer encore et vous inspireront d'autres pensées et actions négatives. Ainsi, la peur de l'échec ne protège pas votre respect de vous-même, elle l'empêche et le fait même avorter. Si vous tenez compte de vos peurs, vous mourrez sans jamais savoir quel grand personnage vous auriez pu être.

3. Rappelez-vous qu'il n'y a aucun progrès sans risques. Tant que vous ne connaissez pas un échec, vous ne pouvez

pas savoir si vous visiez assez haut. Le succès, c'est de tirer le maximum du potentiel que Dieu vous a donné. L'échec est de faillir à utiliser au maximum les dons et les élans que Dieu vous a offerts.

James Bryant Conant, le distingué président de Harvard, a dit: «Regardez la tortue, elle avance seulement quand elle sort sa tête.» Le secrétaire britannique des Affaires extérieures, Lord Halifax, le dit ainsi: «Celui qui ne laisse rien au hasard fera peu de choses de mal mais il fera peu de choses.» Ben Franklin apporte la même précision: «L'homme qui fait beaucoup de choses commet beaucoup d'erreurs mais il ne commet pas l'erreur la plus grande de toutes, celle de ne rien faire.»

Si vous ne faites pas face à des risques *présentement,* vous ne progressez pas, vous ne grandissez pas. Vous êtes à un point mort ou vous régressez.

4. Souvenez-vous que si vous laissez la peur vous contrôler, vous vous condamnez à une existence terne, morne et dépourvue d'aventures.

5. Bannissez le perfectionnisme de votre esprit. La crainte de l'échec se nourrit de la pensée trop idéaliste d'une mentalité perfectionniste.

Il vaut mieux faire quelque chose
imparfaitement que
de ne rien faire parfaitement

Le perfectionnisme aussi est une crainte du rejet. Vous craignez que l'échec prouvera que vous êtes une personne imparfaite. Soyez réaliste, et réalisez que personne n'est parfait.

Aucune personne intelligente ne s'attend à ce que vous soyez parfait. Les belles et bonnes gens ne vous rejetteront jamais quand votre imperfection est démontrée par un échec. Ça ne peut que prouver que vous êtes un être humain. Chaque individu est un échec en un sens, à un moment donné, à un certain degré. Souvenez-vous: «L'erreur est humaine, le pardon est divin.»

En définitive, les gens vous acceptent ou vous rejettent non pas pour ce que vous faites mais plutôt pour le genre de personnage que vous êtes.

6. Réalisez que l'échec n'est jamais définitif ni total. Plusieurs hommes et femmes ont fait un mariage qui s'est terminé par un divorce et qui ensuite, ont contracté un second mariage bien réussi! Vous pouvez échouer dans une certaine entreprise et réussir très bien dans une autre.

Les penseurs d'impossibilités sont des maîtres décevants des déclarations extrêmes, irresponsables et négatives: «Je suis vidé.», «J'en ai assez.», «Je ne fais jamais rien de bon.», «Je suis un raté.», «Je suis foutu.» *Chacune de ces déclarations est un mensonge exagéré!* Vous ne devriez jamais, au grand jamais, parler ou penser de cette façon.

Le docteur Smiley Blanton, un des psychiatres les plus estimés de notre siècle, a dit un jour à son collègue, Norman Vincent Peale: «Je suis psychiatre depuis presque quarante ans et il y a une chose très clair pour moi : *«Il y a de vastes domaines inexplorés dans chaque vie humaine* si seulement ils pouvaient être découverts et que la personne puisse s'en servir pour reconstruire sa vie. Aucun être n'est un cas désespéré.»

Il continua en expliquant: «Freud s'en est rendu compte et a écrit: *Il semble que même les cas les plus névrosés rappor-*

tent qu'il y a des moments où ils surveillent leur propre personne malade se mouvoir à l'extérieur d'eux-mêmes et ils sont presque des spectateurs regardant passivement toute la tragédie dramatique se dérouler devant eux.»

Richard Lemon, dans un article intitulé *The Uncertain Science,* parle d'un événement qui a eu lieu dans un hôpital psychiatrique de la banlieue parisienne durant la Deuxième Guerre mondiale. L'institution comptait 154 patients qui étaient jugés par les meilleurs psychiatres comme étant des cas de démence irrécupérables. Par une nuit sombre, les envahisseurs de l'armée de libération bombardèrent les murs de l'hôpital. Dans la confusion qui s'en suivit, les 154 patients s'enfuirent. Plusieurs années plus tard, lorsque l'on retraça finalement chacun des patients, l'on fut étonnés de découvrir que 86 sur 154 étaient complètement rétablis et menaient une vie parfaitement normale. Rappelez-vous: il n'existe pas d'échec total de ce côté-ci de l'enfer!

7. «Alors, qu'est-ce qu'un échec réel?» vous demandez-vous maintenant. La réponse est claire. L'échec réel est d'échouer en tant qu'individu; céder à la lâcheté en face d'une aventure imminente mais risquée, se soustraire craintivement d'un appel à une tâche noble parce que vous entrevoyez la possibilité d'imperfection dans votre accomplissement de cette tâche.

Être plus préoccupé à protéger votre orgueil d'un échec embarrassant plutôt que de promouvoir une cause valable et merveilleuse. Rétrograder la foi de la direction de votre vie future et promouvoir la crainte à une position de pouvoir fondamental d'autorité sur votre destinée. Voici l'échec véritable en tant qu'individu.

8. Maintenant, étouffez vos peurs. Éloignez-vous de ceux qui vous diraient: «Ça ne se fait pas.», «Ça ne marchera

jamais.», «Quelqu'un d'autre a essayé et a échoué.», «Ça ne s'est jamais fait avant.»

Éloignez-vous de ces forces destructives négatives. Éloignez-vous des gens qui transmettent des vibrations déprimantes et décourageantes. Étouffez vos peurs. Privez-les de leur système de support vital.

9. Maintenant, joignez-vous au club N.C.P. C'est le club: *Ne crains Plus.* Comment joindre ce club? Développez une foi inébranlable en Dieu. La personne profondément religieuse est invincible. Un homme âgé très distingué que je connais le dit ainsi: «L'homme qui veille sur moi ne fait jamais d'erreurs.»

Un étudiant qui prend un cours universitaire exigeant me dit qu'il écrit ses craintes sur un morceau de papier, les enveloppe dans un cercle et transperce le papier avec une flèche qui représente Jésus-Christ.

Un des hommes d'affaires américains des plus audacieux était feu Robert LeTourneau. Il dévoila le secret de son audace dans cette pensée bien simple: «Dieu est mon associé. Comment pourriez-vous avoir peur avec un partenaire comme lui?»

«Chaque fois que je me présente devant les caméras, que je monte sur une scène, je prie: Sers-toi de moi, Seigneur, sers-toi de moi» me disait mon amie Doris Day. Elle ajoutait: «Dans le domaine où j'évolue, il y a toujours le danger de personnaliser son travail. Quand j'en suis venue à me voir comme un instrument de Dieu, j'ai cessé de m'inquiéter des gaffes possibles que je pouvais faire.»

Montrez-moi une personne qui a un rêve brûlant avec une foi profonde inébranlable et je vous montrerai un champion déplaceur de montagnes. Il est persuadé qu'il réussira. Il croit le verset de la Bible: *En toutes tes démarches, songe à lui et il aplanira tes sentiers.* (Prov. 3:6)

Ethel Waters a ce slogan: «Dieu ne commandite pas de fiasco.»

Vous pouvez avoir une force inouïe

Vincent H. Gaddis raconte plusieurs histoires de force surhumaine qui a miraculeusement sauvé des vies:

> *Robert Heitsche, douze ans, s'amusait sur l'emplacement d'un édifice en construction à West Covina en Californie, un après-midi de 1965, quand il fut enseveli sous une demi-tonne d'échafaudage de métal et de briques. Les cris des copains de Robert attirèrent l'agent de sécurité Clint Collins, 28 ans, sur les lieux. L'officier de 70 kilos se pencha et d'un seul mouvement rapide souleva la masse complète d'échaufaudage avec son fardeau de briques.*
>
> *«C'est la vue de la main de ce petit qui dépassait à travers l'acier et les briques qui m'a frappé», a dit Collins. «À ce moment-là, j'aurais même essayé d'enfoncer un mur de béton pour le secourir.»...*
>
> *Un matin de novembre 1964, l'armature d'une familiale 9 passagers glissait doucement sur la dernière chaîne d'assemblage de l'usine de Fisher Body Company à Flint au Michigan. L'armature était montée sur un camion de transport d'acier. Le poids de l'armature et du camion dépassait largement une tonne.*

Victor W. Howell, vingt et un ans, se tenait debout près de la chaîne d'assemblage. Il attendit que l'armature de la voiture précédant la familiale le dépassa pour se pencher afin de vérifier l'étiquette de commande de l'équipement.

Soudainement, son pied a glissé, il a perdu l'équilibre et est tombé. Alors qu'il se roulait pour libérer la voie, son pied fut happé dans le tapis roulant à un endroit où celui-ci glissait sous le plancher. Il était pris au piège, impuissant. Le camion avec la lourde armature était maintenant à quelques centimètres seulement. Dans quelques secondes, sa jambe serait écrasée en bouillie...

Charles J. McClendon, un ouvrier de soutien d'une autre partie de l'usine apparut sur les lieux juste au moment où Howell hurla au secours. McClendon, quarante-huit ans, mesurait un mètre 75 et pesait environ 90 kilos. Il était un homme fort mais il allait devenir un surhomme.

«Je me souviens que j'avais le dos appuyé au camion chargé et mes mains s'agrippaient sous le camion», dit-il plus tard. «Je ne savais pas quoi faire, puis c'est comme si j'avais entendu une voix intérieure qui me disait: «Lève-le de là!» Et je ne sais comment, je l'ai fait...».

À Columbus en Ohio en 1966, Carolyn Harn, une jeune fille de 18 ans qui ne pesait pas cinquante kilos déplaça un tronc d'arbre de 12 mètres par 30 cm de circonférence sur une distance d'un peu plus d'un mètre pour secourir un cousin coincé en dessous...

Madame Gene Perryman, vingt-cinq ans, était sur la véranda arrière de sa maison du comté de Jasper en

Caroline du Sud, tenant son bébé. Ses deux aînés, Andy, huit ans et Vicki, neuf ans, étaient devant la maison, attendant l'autobus scolaire.

Elle entendit Vicki crier et ce cri fut suivi d'un grincement de pneus d'automobile. Plaçant le bébé dans son berceau sur la véranda, elle courut autour de la maison jusqu'à la route. Andy avait été frappé par une voiture et traîné sur une distance de cinquante mètres avant que le conducteur ait réussi à arrêter son véhicule. Le garçon était entre la roue arrière et le réservoir d'essence sous la voiture.

«Je ne sais trop comment j'ai fait», madame Perryman a-t-elle dit aux journalistes plus tard. «C'est arrivé si rapidement, mais je savais que je devais sortir mon fils de là. Il était pris sous le réservoir d'essence et j'avais peur que le feu prenne.»

Saisissant le pare-choc arrière de la voiture, madame Perryman souleva le véhicule et le secoua jusqu'à ce que son fils soit libéré et que la voiture roule dans un fossé. Andy fut transporté à l'hôpital Candler en Savannah d'où on annonça plus tard qu'il était en bonne condition. La voiture pesait 862 kilos. Madame Perryman était une petite femme, d'un peu moins d'un mètre cinquante et elle pesait environ 45 kilos.

«S'il s'était agi de votre enfant, dit-elle, vous auriez trouvé la force tout comme moi.»...

Quelle est la source de cette énergie étonnante?...

C'est maintenant connu qu'une substance chimique appelée triphosphate d'adénosine (ATP) est responsable de votre énergie. Quand elle est activée par les impulsions du cerveau, l'ATP fournit de la force aux muscles par une réaction chimique compliquée en 20 étapes qui a un effet presque explosif.

La manifestation de surpuissance qui suit est une des plus incroyables jamais enregistrée:

C'était un peu avant minuit le 18 février 1952 à seize kilomètres au Nord de Houston au Texas. Roy Gaby retournait de Waco à Houston, conduisant un gros camion-remorque quatorze roues, quand une voiture conduite par un homme apparemment intoxiqué s'enfila sans s'arrêter d'une route secondaire sur la grande route. Gaby fit un écart pour éviter la collision, perdit le contrôle de son camion qui alla s'écraser de plein fouet sur un chêne gigantesque. La remorque se fracassa sur la cabine en accordéon, emprisonnant Gaby dans cette ferraille tordue.

Le corps de Gaby était replié en deux sous le toit écrasé de la cabine. Ses pieds étaient immobilisés entre la pédale d'embrayage tordue et les pédales de freins et le volant lui serrait la taille. Des deux côtés de la cabine, les portes étaient chiffonnées dans leurs armatures crochies. Le moteur avait été enfoncé dans la cabine.

«Premièrement, nous avons accroché la dépanneuse devant le moteur écrasé en pensant de le tirer suffisamment vers l'extérieur pour libérer la victime», l'officier Henry a-t-il dit aux reporters plus tard. «Ça n'a pas bougé. Puis, nous avons attaché un autre camion devant la dépanneuse pour ajouter de la force. Rien ne s'est produit. Ensuite, nous avons attaché deux autres camions à l'arrière de la remorque pour la tirer en direc-

tion opposée et séparer ces débris. Ça n'a pas fonctionné.»

À travers les bruits des moteurs de la dépanneuse et des trois camions qui grondaient et travaillaient en vain, un spectateur s'écria soudain: «Il est en feu! Mon Dieu! Il va être brûlé vif!» Des petites flammes apparurent sous la cabine et léchèrent le plancher...

Camionneurs et automobilistes s'attaquèrent aux portes chiffonnées, frappant avec des marteaux et tordant avec des leviers. Mais les portes ne cédaient pas.

«Je n'ai jamais vu rien de plus terrible», a dit Henry. «J'ai senti le besoin de prier pour un miracle. Le feu avait atteint le plancher de la cabine sous la victime. Le temps d'appeler les pompiers et les torches pour couper le fer, il serait déjà trop tard. Et puis, cet étranger, cet homme noir colosse arriva près de moi et demanda s'il pouvait nous aider. Je hochai la tête. Si trois camions et une dépanneuse lourde n'avaient pu ouvrir la cabine, personne n'y pouvait rien.

Ce qui se passa ensuite ne sera jamais oublié par ceux qui en furent témoins.

Marchant jusqu'à la cabine, le Noir saisit la porte qui avait résisté aux marteaux et aux leviers de sauvetage et la tira violemment. Poussant la porte à côté, il arracha le tapis du plancher en flammes et de ses mains nues éteignit le feu autour des pieds de Gaby. S'avançant dans la cabine, il s'empara du poteau du volant et le plia pour libérer la taille de Gaby. Ensuite, avec une main sur la pédale d'embrayage et l'autre sur celle des freins, il les ouvrit et libéra les pieds de la victime...

Pendant que les spectateurs ahuris figeaient sur place, l'étranger, rampant à genoux, se faufila dans la cabine, recourbant tout le métal tordu qui gênait ses mouvements. Finalement, il s'était frayé un chemin assez pour se placer les deux pieds au plancher, sa tête courbée et son cou et ses épaules serrés contre le toit enfoncé. Son corps s'est raidi sous la tension alors qu'il déployait toute sa force, ses muscles tendus gonflant sa chemise trempée de sueurs.

Il y eut soudain un bruit déchirant quand le métal céda. Regardant les flammes avec des yeux pleins de haine, l'homme noir tenait le toit soulevé pendant que l'officier Henry et plusieurs camionneurs retiraient rapidement Gaby hors de la cabine.

J'ajouterai: «Une personne ne sait pas ce qu'elle peut faire jusqu'à ce que Dieu l'inspire. Car quand l'impulsion divine remue le cerveau, non seulement l'ATP est libérée mais toutes sortes de puissances pour réussir sont libérées!»

Transformez la crainte, cette force négative, en force positive

Même si après avoir lu les exemples ci-dessus, il vous reste un sentiment de crainte que vous ne réussissez pas à éliminer, alors sublimez-le! Utilisez vos craintes de façon à ce qu'elles vous profitent, plutôt que de vous nuire.

«Je ne pourrais pas vivre sans cet inconnu que j'ai devant moi», dit Pierre Boulez, directeur musical du New York Philharmonic. Cette émotion que vous êtes porté à appeler crainte, nous allons la rebaptiser *mystères de l'avenir*. Commencez donc à transformer vos craintes en une force positive qui va vous motiver:

Ne craignez pas de tomber... *Craignez plutôt* de ne jamais réussir.

Ne craignez pas de vous faire mal... *Craignez plutôt* de ne jamais grandir.

Ne craignez pas de perdre ce que vous aimez... *Craignez plutôt* de ne jamais aimer du tout.

Ne craignez pas que quelqu'un rit de vos erreurs... *Craignez plutôt* que Dieu vous dise *Gens de peu de foi.*

Ne craignez pas de tomber à nouveau... *Craignez plutôt* que vous auriez pu réussir au prochain essai.

Vous êtes prêt? Alors sortez votre idée géniale. Préparez-vous à partir. C'est risqué? Parfait! Voici donc une occasion de vivre dans une dimension de foi. Oscar Wilde a dit: «L'idée qui n'est pas dangereuse mérite à peine qu'on l'appelle une idée.»

Mon ami Fred Jarvis écrit simplement, mais ses écrits sont significatifs!

Votre crime et votre grande honte ne sont pas d'échouer, mais de ne pas viser assez haut. Visez bien. Visez haut et élevez votre objectif. Avec Dieu, faites de grands projets. Avec Dieu, faites des projets audacieux.

7

Pour gagner, il faut avant tout commencer

Qu'est-ce qui vous retient? Maintenant vous savez qu'il y a:

Un but à viser;
Un rêve à poursuivre;
Un plan à exécuter;
Un projet à entreprendre;
Une possibilité à explorer;
Une occasion à saisir;
Une idée à élaborer;
Un problème à aborder;
Une décision à prendre.

Maintenant il s'agit de s'attaquer à un autre problème ardu: de quelle façon commencer.

Le concierge de l'école était vieux, gros et avait la chair molle; à cinquante-neuf ans, il se sentait à son déclin.

«*Devenez la personne que vous rêvez d'être.* Faites-vous une image mentale, organisez, concrétisez et réalisez», a dit le pasteur un dimanche. «Vous n'avez qu'à commencer», dit-il en concluant et il fit une pause avant de hurler le dernier mot: «AUJOURD'HUI!»

Toute sa vie, Walt Frederick s'était plaint de ne pas être en bonne condition physique, de ne pas être un athlète. C'est alors que s'est produit le miracle de la foi. Il a osé croire que lui aussi, il pouvait devenir un athlète en pleine forme physique! Il a commencé par se soumettre à un régime sévère. Puis il s'est mis au *jogging*. Un an plus tard, il courait trois kilomètres par jour. Puis il a passé à six kilomètres chaque matin et six de plus le soir. À soixante et un ans, il était mince et élancé et se trouvait en meilleure forme qu'il ne l'avait jamais été, même adolescent. Il courait maintenant deux cent cinquante kilomètres par semaine.

Je n'oublierai jamais le jour où il est venu me voir à la fin du service religieux. «Devinez où je vais la semaine prochaine, mon Révérend?» me dit-il. Ses yeux pétillaient d'enthousiasme. Avant que j'aie eu le temps de répondre, il me dit: «Je m'envole pour Boston. Je vais courir dans le marathon de Boston - quarante-cinq kilomètres et soixante-quinze mètres!» Et il s'en est allé à toutes jambes! Il y avait plus de mille coureurs à la ligne de départ. Seul un tout petit groupe d'entre eux a réussi à passer la ligne d'arrivée. Walt Frederick se trouvait parmi les finissants. Quatre ans plus tard, il avait couvert toute une paroi de son logement de médailles et de trophées. Il est célèbre dans tout le pays pour les records qu'il a dépassés.

«Au cours de ces années, quel a été votre plus grand problème?» lui ai-je demandé. Il m'a répondu sans hésiter une seconde: «Je peux vous répondre en un seul mot, mon plus grand problème, *aujourd'hui comme dans le passé,* c'est l'inertie.»

Je l'ai bien cru quand il me l'a dit et je le crois encore aujourd'hui, c'est aussi mon plus grand problème...et *à vous aussi!*

On compte quatre catégories de gens - de laquelle faites-vous partie?

Maintenant, regardez bien ces quatres types de personnes:

1. *Monsieur Non-Non:* Ils ne commencent jamais. Pas étonnant qu'ils ne réussissent jamais. Ils trouvent toujours une excuse à leur manque d'accomplissement. Un directeur d'athlétisme avait tellement de problèmes avec ses élèves à la pensée négative qu'il a décidé d'imprimer une feuille d'alibis et de la polycopier. Voici ce qu'il y disait:

«La présente liste a pour but de vous aider à choisir le bon alibi pour chaque situation. Bien que certains athlètes soient si mauvais qu'ils n'ont aucun besoin d'alibi, la plupart d'entre vous devront à un moment ou un autre trouver quelque explication à une mauvaise performance et la liste suivante pourrait s'avérer utile:»

trop mangé
faible par manque de nourriture
pas assez de réchauffement
trop de réchauffement
trop d'entraînement
pas assez d'entraînement
pas assez de sommeil
trop de sommeil
besoin d'huile de germe de blé
besoin de yogourt
pas assez levé de poids
trop levé de poids
je me prépare lentement pour être prêt dans quatre ans
je ne veux pas m'améliorer trop rapidement
inquiet pour mes études
soucis d'argent
fiancée de mauvaise humeur hier soir
fiancée trop gentille hier soir
aveuglé par la neige
je me suis perdu
j'ai cru qu'il restait un autre tour à faire
pas assez réfléchi
trop réfléchi
mauvais juges
mauvais départ
mauvaise piste
terrain trop dur
terrain trop mou
trop chaud
trop froid
ampoules
crampons trop longs
crampons trop courts
pas de chaussures rouges
oublié d'apporter des chaussures
crampe dans la jambe
crampe dans ________
pas envie de courir
problèmes émotifs
poule mouillée
mon entraîneur est un ________
j'ai pris panique
j'ai cru que j'avais une crise cardiaque
je cours seulement pour m'exercer

j'ai cru que la course était déjà finie
je n'arrive pas à courir quand je suis en arrière
je n'arrive pas à courir quand je suis en avant
je n'arrive pas à courir
trop de rivalité
trop de rencontres
les repas sont de mauvaise qualité
je voulais connaître la sensation d'arriver deuxième
trop de gens comptaient sur moi
personne ne se souciait de ma performance
je n'aime pas l'athlétisme organisé
je n'arrivais pas à m'enthousiasmer à la course
j'étais trop inquiet
on m'a dit que nous n'étions pas invités à dîner après la rencontre
mon entraîneur est américain et il ne comprend pas les athlètes étrangers
mon entraîneur est étranger et il ne comprend pas les athlètes américains
j'ai hâte de courir à l'intérieur
j'ai hâte de courir à l'extérieur
on ne s'entraînait pas de cette façon au pré-secondaire
je ne veux pas avoir trop de succès

2. *Monsieur Yo-Yo:* Ils sont en haut et en bas, dedans et dehors, chauds et froids, rêveurs et retardataires.

3. *Monsieur Voit-Haut!* Ils pensent grand, parlent grand mais ils reculent juste au moment où ils devraient avancer.

4. *Monsieur Go-Go:* Ils pensent grand, parlent grand, agissent grand! Ils se gardent à la hauteur de la réputation qu'ils se sont créée «Je vais gagner!» Ils dépassent le peloton et atteignent le succès. On ne les appellera pas *Le grand courant d'air.*

J'ai appris l'une des plus grandes leçons de ma vie lorsque j'ai été invité à la résidence de W. Clement Stone, devenu multimillionnaire par ses propres moyens, philanthrope réputé, auteur célèbre et l'un des hommes les plus positifs qui ait jamais vécu. Pendant le dîner, Clem Stone, le docteur Karl Menninger et moi discutions des *grands concepts.*

Je dis: «Pour moi, la foi est le plus grand des concepts.»

Clem Stone dit: «Je crois qu'il y a quelque chose de plus important que la foi. C'est l'action! Le monde est plein de rêveurs, il n'y a pas assez de gens qui savent se lancer et faire des démarches concrètes pour réaliser leurs images mentales.»

Cessez de trouver des excuses pour ne pas vous lancer!

La procrastination est votre plus grand ennemi. Les retards transformeront d'extraordinaires occasions en possibilités vides de sens. Si vous n'avez pas assez de foi pour vous lancer MAINTENANT, ne vous étonnez pas de voir un plus grand croyant surgir et lancer votre idée avec succès. Vous allez grogner et vous plaindre en disant: «J'y avais pensé! Pourquoi est-ce que je ne l'ai pas fait?»

Goethe a écrit: «Perdez cette journée à flâner, vous ferez la même chose demain et pire encore après-demain. L'indécision amène ses propres retards et jour après jour, vous perdez votre temps à vous lamenter. L'action - elle implique le courage, elle a un petit côté magique. Tout ce que vous pouvez faire, ou que vous pensez pouvoir faire, commencez-le. Une fois parti, votre esprit se réchauffera toujours plus. Commencez et votre travail se finira.»

Qu'est-ce qui vous retient?

1. *Retenues?* Étudions certaines de ces phobies qui sont devenues des excuses classiques à notre inertie.

«JE SUIS TROP VIEUX.»

Est-ce qu'on est trop vieux à soixante-dix-sept ans pour commencer une vie nouvelle? Si, par la pensée négative, vous vous laissez obséder par le *préjugé de l'âge*, vous vous penserez bien trop près du cimetière pour vous engager dans des choses nouvelles. Si vous savez penser positivement, vous présumerez qu'il vous reste encore de dix à vingt ans à vivre. En 1972, Frieda Schulze fêtait, à l'âge de quatre-vingt-sept ans, les dix ans de son évasion de Berlin-Est. À soixante-dix-sept ans, elle s'était plongée dans une vie nouvelle.

«J'ai encore des frissons quand j'y repense», dit Frau Schulze en se remémorant l'incident qui, en 1962, avait fait la manchette des journaux du monde entier. «Mais ça valait la peine...Je détestais leur politique», ajouta-t-elle en brandissant son index rhumatisant pour mettre de l'emphase.

Lorsque le 13 août 1961, les communistes de l'Allemagne de l'Est construisirent le rideau de fer à travers la ville de Berlin, Frau Schulze habitait au rez-de-chaussée d'un édifice à appartements de la Bernauerstrasse, dans le Wedding District, en plein sur la ligne de démarcation. Le trottoir se trouvait à Berlin-Ouest, mais la maison faisait partie de la zone Est.

Lorsque les troupes et les escouades de police Est-allemandes se mirent à dérouler leur fil barbelé, des centaines de résidents du côté Est de Bernauerstrasse, qui fut bientôt considérée comme la rue la plus triste au monde, jetèrent quelques effets personnels par les fenêtres et s'enfuirent. Les Allemands de l'Est condamnèrent alors les fenêtres du rez-de-chaussée et firent déménager les résidents qui restaient dans les appartements supérieurs que les fuyards avaient abandonnés.

«Ils m'ont aussi fait déménager et je me suis retrouvée comme paralysée au milieu de mon nouvel appartement», dit Frau Schulze. «Il n'y avait pas de lumière dans le logement mais ça n'avait pas d'importance, il y avait tellement de projecteurs dehors. Ils donnaient une lumière terrible et j'étais assise en plein milieu.»

Frau Schulze s'est fait souvent réveiller par les coups de feu tirés sur des réfugiés qui essayaient de s'échapper, par les klaxons et les sirènes des voitures de pompiers et des ambulances ainsi que par les voix des Berlinois de l'Ouest criant des encouragements aux résidents de l'autre côté du mur de Berlin ou des injures aux gardes Est-allemands.

«À la fin, je ne pouvais plus tenir. Le 23 septembre, j'ai décidé de m'enfuir. J'ai attaché une corde à mon plus gros fauteuil, décidée à me laisser descendre. J'y ai réfléchi toute la nuit sans pouvoir fermer l'oeil. Le lendemain matin j'étais prête à tout...j'allais sauter», raconta cette frêle petite femme aux cheveux blancs. «Je suis allée à la salle de bain pour me laver. Je voulais être propre pour quitter ma maison.»

Les événements qui suivent furent photographiés et envoyés aux journaux du monde entier. Frau Schulze se hissa sur le bord de la fenêtre. Dès que les policiers de Berlin-Ouest l'aperçurent, ils appelèrent les pompiers. On tendit un filet à cinq mètres en-dessous d'elle. Elle serrait désespérément son chat dans ses bras.

«Les gens se sont mis à crier et à répéter *Grand-maman, saute* et je pense que le bruit a alerté la VOPO (la police du peuple communiste). Je les ai entendus forcer la porte de l'appartement et deux d'entre eux sont venus à la fenêtre pour essayer de me remonter.

Les Berlinois de l'Ouest qui se trouvaient sur le trottoir s'en aperçurent. Un jeune homme grimpa sur le rebord de la fenêtre du rez-de-chaussée. Soutenu par un policier, il se hissa pour attraper la jambe de Frau Schulze et se mit à la tirer en bas pendant qu'un officier de police communiste lui tirait le bras par le haut. Son autre bras retenait toujours le chat.

«J'ai jeté mon chat dans le filet et puis j'ai sauté.»

La foule hurla de joie et applaudit la fuite de Frau Schulze. Elle eut la chance de ne se blesser que très légèrement à une hanche.

En fait, dans les prochaines vingt-cinq années, beaucoup de gens vivront jusqu'à cent ans. Alors maintenant, vous êtes encore bien jeune, n'est-ce pas?

Considérons une autre idée fixe:

«JE SUIS VICTIME
DE LA DISCRIMINATION RACIALE.»

En effet, nombreuses sont les victimes de la discrimination raciale dans le monde entier. Et pourtant, dans tous les pays où frappe la discrimination raciale, on remarque des individus exceptionnels capables de défoncer la barrière raciale pour réussir en dépit de ce problème. Si vous vivez vraiment dans une communauté ravagée par la discrimination raciale, ne vous en servez pas comme excuse pour ne pas essayer. Servez-vous-en comme d'un défi qui vous poussera à sauter par-dessus l'obstacle!

«JE N'AI PAS FAIT DE HAUTES ÉTUDES.»

Alors faites-en! On peut maintenant presque partout suivre des cours du soir pour obtenir un certificat d'études ou un diplôme universitaire. On ne peut maintenant plus se servir de l'excuse du manque d'études pour ne pas aller de l'avant, quel que soit son âge.

«JE N'AI PAS D'ARGENT.»

Alors allez en gagner, économisez ou empruntez. Quand on veut, on peut. Commencez en bas de l'échelle, faites des économies, serrez-vous la ceinture, épargnez et vous serez tout étonné de voir comment votre chemin deviendra libre.

«Vous n'avez rien parce que vous ne demandez rien», dit la Bible. Avez-vous demandé à tous ceux auxquels vous pouviez penser de vous aider à financer votre idée? Ou avez-vous évité certaines personnes parce que vous étiez gêné d'emprunter? Alors n'empruntez pas, demandez à votre ami de vous *louer* de l'argent. Offrez-lui une *location plus élevée* que ce que lui rapporte son compte d'épargne! Il vous en sera très reconnaisant.

2. *Les coups durs?* C'est ça qui vous retient? Vos vieilles blessures, vos défaites et vos vieux échecs vous hantent, vous tiennent et vous font mal?

«Je ne me remarierai jamais!»

«Je ne ferai jamais plus confiance à quelqu'un.»

«Je ne croirai jamais plus en Dieu.»

«Je ne me lancerai jamais plus en affaires.»

«Je me suis brûlé une fois - jamais plus!»

Si telles sont vos pensées, alors vous vous êtes laissé envahir et dominer par les incidents malheureux de votre passé. Ne laissez pas les mauvais souvenirs vous mener par le bout du nez. L'un de mes amis, Don Herbert, a eu sa ration de malheurs sur terre. Lorsque je lui ai offert mes condoléances pour la mort de son père, il m'a dit: «Oh, vous savez, on se contente de regarder en avant, on ne va pas bien loin en ne regardant que dans le rétroviseur.»

Lorsque l'historien Thomas Carlyle eut fini d'écrire ses milliers de pages sur la révolution française, il demanda à son voisin John Stuart Mill de lire son manuscript. Quelques jours plus tard, Mill arriva chez Carlyle pâle et affolé. Sa servante s'était servie du manuscrit pour allumer le feu. Carlyle en fut malade pendant des jours. Deux ans de travail perdus; il ne retrouverait jamais l'énergie de réécrire tout ça. Puis un jour, il aperçut un maçon construire brique par brique un grand mur très long. Cette scène l'inspira. Il décida de recommencer. «Je vais écrire juste une page aujourd'hui, puis ensuite une page à la fois», dit-il. Il s'y lança et réussit lentement à terminer une oeuvre qu'il sentait meilleure que le premier manuscrit.

3. *L'opposition?* Les gens se coalisent-ils pour vous retenir quand vous essayez de vous lancer? La concurrence devient-elle toujours plus forte? Vos ennemis en affaires se liguent-ils contre vous? Vous ne pouvez y répondre que par une attitude mentale positive.

Un marchand chinois gérait un petit magasin au milieu d'un grand pâté de maisons du centre-ville. Un jour, une grande chaîne de magasins se mit à construire à un angle du pâté de maisons pendant qu'un immense magasin à rayons s'élevait à l'autre angle. Le pauvre homme était écrasé entre deux concurrents de taille. Un beau jour, les deux nouveaux magasins furent prêts à ouvrir. Les deux compagnies affichèrent d'énormes bannières annonçant la *Grande Vente d'Ouverture.* Qu'a fait notre petit homme en plein milieu de tout ça? Il cloua une petite pancarte au-dessus de sa porte disant *Entrée principale.*

4. *Le contentement?* Vous retient-il? Avez-vous décroché tellement d'accomplissements, de victoire et de succès que vous êtes fatiqué et que vous avez décidé de prendre votre

retraite? Contemplez-vous vos trophées, vos médailles et les prix d'hier en vous reposant sur vos lauriers? «Je régresse depuis que j'ai décroché le trophée le plus important que la compagnie puisse donner», déclare un vendeur. «Je suppose que j'essayais de prouver quelque chose et maintenant je ne suis plus intéressé.»

Comment vaincre ce problème? Essayez de laisser Dieu vous stimuler. Lisez et relisez ce verset de la Bible: *Oubliant le chemin parcouru, je vais droit de l'avant, tendu de tout mon être, et je cours vers le but, en vue du prix que Dieu vous appelle à recevoir là-haut, dans le Christ Jésus.* (Phil. 3:13,14)

Rappelez-vous que le laisser-aller amène toujours la maladie. Dès que vous arrêtez de faire de l'exercice, vos jeunes muscles perdent de leur puissance. Ou vous utilisez votre puissance intérieure ou vous la perdez. Évitez de vous laisser tuer par l'immobilité. Si vous voulez rester sur la bicyclette de la vie, continuez à pédaler, sinon vous allez tomber.

L'un de mes amis, qui avait été gravement blessé dans un accident, voulait tout laisser tomber. «Une fois que j'ai eu péniblement regagné assez de force pour marcher sur des béquilles, j'étais fatigué de lutter dans la torture de la physiothérapie; mais un jour mon médecin m'a averti en me disant: *Vous allez perdre tout ce que vous avez gagné si vous ne continuez pas à essayer de vous améliorer*. Depuis, je me suis aperçu que ce principe s'appliquait à toutes les situations de la vie!»

On ne gagne rien
sans peine

Maintenant - Démarrez à l'aide des motivations suivantes

1. Additionnez les satisfactions que vous goûtez en commençant et le prix de votre négligence à commencer. Faites mentalement le total de toutes les valeurs, bénéfices et avantages qui profiteront à vous et aux autres si vous accomplissez votre rêve. Puis faites le total de toutes les pertes dont vous souffrirez si vous ne vous lancez pas.

Tout le monde l'appelle *Grand-maman Finley*. Elle a quatre-vingt-quatre ans. Je l'ai rencontrée lors d'une croisière sur le Pacifique. Elle attirait tellement l'attention qu'un journaliste l'a interviewée. «Est-ce votre dernière croisière, madame Finley», lui demanda-t-il.

«Oh mon Dieu, non! s'écria-t-elle. Je fais partie d'un club mondial, le VRM - Veux Rien Manquer. C'est notre mot d'ordre.» Elle ajouta en riant: «De toute façon, il n'y aura pas de poche à mon linceul. À la fin de ce voyage, je vendrai encore de l'immobilier pour avoir quelques dollars et je me payerai un autre voyage.»

«Mais à votre âge, les voyages ne posent aucun problème?» lui demanda le journaliste de vingt-quatre ans.

«Bien sûr, lui répondit Grand-maman. Mais les enfants aussi ont des problèmes de voyage! Je ne m'inquiète vraiment pas. Les gens sont si aimables. Comme cette fois où j'ai mis pied à terre en Laponie pour acheter une poupée pour ma collection. Quelqu'un m'avait dit que la frontière russe n'était pas loin, alors je suis allée jeter un coup d'oeil à la Russie et quand je suis revenue au quai, les passerelles étaient levées et le bateau partait. Je ne savais pas quoi faire. Avant que j'aie eu le temps de réfléchir, deux pêcheurs bien musclés m'enlevaient et me poussaient avec force à travers une porte ouverte sur le côté du bateau. Bonté divine, je ne leur aurais pas permis de faire ça s'ils me l'avaient demandé.»

2. Créez un sentiment d'urgence. Larry Regan expliquait deux des plus grandes victoires que remportèrent les Kings de Los Angeles lorsqu'il en était l'entraîneur. «Aux moments cruciaux, dit l'entraîneur de la Ligue Nationale de Hockey, les hommes jouaient avec urgence; il n'y a rien de mieux.»

Jetez un coup d'oeil sur votre calendrier. Vous ne rajeunissez pas. Vous ne serez probablement jamais en meilleure santé que vous l'êtes aujourd'hui. Dans un an, vous regretterez peut-être de ne pas avoir commmencé aujourd'hui! Le temps passe-t-il trop vite pour vous? Avez-vous l'impression de perdre votre vie? Est-ce que ça vous sera plus facile, ou moins cher, d'attendre une semaine, un mois ou un an de plus?

Animez votre pensée d'un sentiment d'urgence et lancez-vous! *L'hiver s'en vient. Je vais avoir un examen. Nous allons avoir des visites à la maison. Je vais bientôt être trop vieux pour y aller. L'inspecteur va venir nous ennuyer. Le patron va me demander de lui présenter un rapport. Le médecin va me peser le mois prochain.*

La plupart des gens produisent sous la pression des événements, des circonstances ou d'autres personnes qui contrôlent leur vie en tout ou en partie. Les individus exceptionnels produisent sous les pressions qu'ils s'imposent volontairement!

D'abord, ils signent un contrat les engageant à livrer à une date précise; puis ils annoncent publiquement leur intention de produire. Ils s'engagent ainsi de façon à être forcés de s'y mettre! (Un petit avertissement: au début, annoncez vos plans seulement à *vos meilleurs amis* et à des gens qui *savent penser positivement.* Gardez-vous de ceux qui pensent négativement. On se doit de protéger les nouveaux-nés jusqu'à ce qu'ils aient développé l'immunité à leur nouveau milieu infesté de microbes.)

3. Établissez un horaire, dès maintenant. Fixez-y vos sessions de planification, vos réunions de prise de décision et vos réunions visant à résoudre les problèmes. Inscrivez-les sur votre calendrier personnel. C'est ainsi que vous assurez votre avenir. Vous réussirez si vous laissez le temps réaliser votre plan. Souvenez-vous que vous êtes sûr d'échouer si vous ne planifiez pas votre temps. Vous n'arriverez à rien à moins de fixer vos intentions sur votre calendrier MAINTENANT!

Maintenant divisez votre rêve en étapes. Inscrivez sur votre calendrier les dates du début et de la fin de votre période de planification, de l'étape de lancement, des étapes de solution des problèmes, ainsi que la date où vous fêterez votre succès! Visez un jour *spécial* comme Noël, le Jour de l'An ou votre prochain anniversaire. Puis promettez-vous de vous offrir une récompense ce jour-là. Une nouvelle garde-robe, un voyage, un dîner spécial dans votre restaurant favori. Maintenant, dites-vous: «Je viens de commencer quelque chose d'extraordinaire, je ne peux pas l'arrêter!»

La partie la plus
difficile d'un travail,
c'est de commencer

4. Maintenant commencez l'édification de votre base. Lentement, solidement, sincèrement. «Par la foi vous pouvez accomplir n'importe quoi», a dit Jésus. Mais *il* n'a pas dit que vous pouviez tout accomplir d'un coup.

Après avoir lu *Pensez possibilités*, un homme désira fonder une organisation de vente à l'échelle nationale (et il aurait pu le faire). Il emprunta deux cent mille dollars pour louer des bureaux dans toutes les grandes villes avant même d'avoir établi une base locale. Comme il n'avait pas d'argent provenant d'une base quelconque, il a vite fait faillite.

Soyez prêt à construire lentement, sûrement, solidement. Commencez petit. Dès que votre première étape commence à réussir, avancez dans la deuxième. Ne cessez pas de grandir ainsi.

Les visiteurs de Garden Grove Community Church sont inspirés et impressionnés par l'énorme complexe de l'église qui s'étend sur une superficie de vingt-deux arpents. Je suis souvent obligé d'expliquer: «Nous avons établi un plan principal avant de commencer. Ce que vous voyez maintenant a été construit en neuf étapes bien distinctes sur une période de dix-sept ans.»

N'oubliez pas. Commencez petit. Construisez solidement. Ne cessez pas de grandir: c'est ainsi qu'on a construit les pyramides. Et c'est ainsi qu'on arrive au sommet. En faisant fi du principe de l'édification de la base, vous risquez d'aller trop loin trop rapidement jusqu'à ce que vous vous trouviez submergé!

5. Maintenant multipliez les paliers de votre motivation. J'ai dû un jour être hospitalisé à la suite d'une mauvaise chute du haut d'une échelle. Bien qu'ayant retrouvé toute ma santé, j'ai perdu la discipline personnelle de marcher trois

kilomètres par jour. Il m'a été incroyablement difficile de m'y remettre. Je me suis dit: «Si je marche, mon coeur restera en santé.» Mais je n'ai pas recommencé. Alors j'ai ajouté: «En marchant je deviendrai plus mince et je vais réduire ma grosse bedaine!» Mais ça ne me faisait toujours pas bouger. Alors j'ai ajouté: «Si je marche trois kilomètres par jour, je vais rester jeune longtemps.» Je me souvenais de mon grand-père qui vécut jusqu'à quatre-vingt-seize ans. Il faisait de longues marches chaque jour. Je n'arrivais toujours pas à me décider, alors j'y ai ajouté un autre palier de motivation: «Si je marche chaque jour sans abandonner, je paraîtrai jeune toute ma vie.» Ça m'a décidé. Cette dernière raison de marcher, ajoutée à toutes les autres, a eu assez de poids pour faire sombrer le tout dans le niveau profond de ma conscience où se déclenche l'action! C'est ce qui m'a fait démarrer. Continuez à rajouter de bonnes raisons motivantes.

6. Appelez à l'aide! Le deuxième jour de mon nouveau programme de marche, je n'avais aucune envie de le faire. J'ai demandé à mon fils de marcher avec moi pour me faire démarrer. Et il l'a fait! Ce fut la poussée additionnelle qu'il me fallait. Demandez à quelqu'un de vous aider à commencer. Demandez à un ami ou à un parent de vous pousser un peu.

7. Servez-vous de votre tête. N'attendez pas d'avoir envie de le faire. Vous n'en aurez envie que quand vous y serez impliqué. Les écrivains professionnels ne s'assoient pas pour attendre une inspiration. Ils se forcent à commencer d'écrire. C'est alors que viennent les idées.

Faites travailler
votre cerveau et
votre coeur suivra

On est bien souvent étonné de constater que l'inspiration naît de la transpiration. Quand je suis prêt à écrire un livre, je m'assieds devant ma machine à écrire et j'y introduis une feuille de papier. Puis j'y tape le titre. Même s'il doit encore changer une douzaine de fois avant la publication, je choisis un titre. Puis je tape «Par Robert J. Schuller». Puis, sur une nouvelle feuille de papier, je tape «Du même auteur» et je fais la liste de tous les livres que j'ai déjà écrits. Ça m'aide à croire que j'ai déjà su écrire des livres avec succès et ça me motive à commencer. Ensuite, j'écris la dédicace. Je place ces trois pages dans une chemise. Et me voilà parti. Maintenant je me sens vraiment passionné pour ce projet.

8. N'attendez pas pour commencer d'avoir résolu tous les problèmes. Les hommes qui accomplissent beaucoup repèrent promptement les bonnes occasions, prennent rapidement de grandes décisions puis, ils se lancent immédiatement à l'action. Ceux qui agissent avec lenteur accomplissent avec lenteur. Quand ils sont enfin sûrs de pouvoir résoudre tous les problèmes, l'occasion est déjà passée. Un *positiviste* a surgi et lui a volé la belle occasion. Les bonnes occasions n'attendent pas ceux qui pensent avec lenteur.

Commencez maintenant. Vous résoudrez les problèmes plus tard. Que ferez-vous quand vous vous heurterez à une difficulté qui vous paraîtra tout aussi impénétrable? Vous inventerez une solution !

Mon ami Fred Hostrop écrit:

J'ai souffert pendant des années d'acromégalie, maladie causée par une tumeur sur ma glande pituitaire. Ceci rend ma glande hyperactive et me fait grandir de façon anormale. J'ai 73 ans et je continue à grandir! Mon squelette est plus grand que la normale. Ma langue est si grosse que je ne peux pas parler au téléphone. Elle a poussé mes dents d'en avant vers l'extérieur, de sorte que je ne peux pas mordre correctement. Je dois manger lentement en faisant bien attention pour ne pas mordre ma langue! J'ai des maux de dos et de tête terribles pendant plusieurs heures chaque jour et chaque nuit. Je ne peux rien ramasser par terre (je ne peux pas me pencher aussi bas). J'ai si peu d'équilibre que je ne peux me tenir debout ni marcher en toute sécurité sans m'appuyer sur deux cannes. Je ne peux marcher plus de 70 mètres sans m'écrouler. Bien que ma vue soit excellente, je ne peux pas tenir mes lourdes paupières ouvertes assez longtemps pour conduire sur plus de trois kilomètres.

Révérend Schuller, la description que je viens de vous faire de l'état dans lequel l'acromégalie m'a mis semblera de la pensée négative. Mais au lieu de me dire: Je ne peux pas faire ça, je me dis, pensant positivement: Que puis-je faire dans ma situation?

J'ai fait plusieurs choses. Je ne vous en donnerai que quelques illustrations: Nous habitons sur un grand terrain de coin. La seule façon pratique d'arroser le gazon entre le trottoir et la courbe que fait la rue est de le faire à la main, un travail d'une heure environ. Comme les muscles de mon dos ne sont pas assez forts pour soutenir mon lourd squelette, je détestais cette tâche. Vous me verrez sur la photographie ci-incluse en train de m'acquitter de ce travail assis sur mon véhicule d'arrosage muni de quatre jets en-dessous sur lequel je me propulse en arrière confortablement, grâce à ma pensée positive!

Même si je ne peux plus jouer sur un terrain de golf, je peux encore m'exercer dans notre cour arrière. Vous verrez sur les photos ci-incluses une autre invention de Hostrop-le-penseur-positif, qui ramasse la balle de golf par terre et la pose sur les tee - hourra! Je m'en sers également pour ramasser chaque jour les papiers qui traînent dans notre cour.

Il y a toujours moyen
quand on essaie vraiment

Il y a plusieurs noyers sur le terrain de l'église. Les corbeaux californiens adorent la chair des noix. Comment le corbeau fait-il pour casser la noix et en manger la chair? Imaginez un instant que vous êtes un corbeau, comment vous prendriez-vous? Les corbeaux ont imaginé un moyen. Ils prennent la noix dans leur bec, volent haut au-dessus du terrain de stationnement de l'église et laissent tomber les noix sur la surface dure! Les noix se cassent et les oiseaux ingénieux piquent vers le sol pour en manger la chair! Si le cerveau d'un corbeau est capable de résoudre son problème, vous serez certainement capable de résoudre le vôtre.

9. Abandonnez-vous à vos impulsions positives quand elles se présentent. Réagissez aussi promptement et fortement à vos idées positives que vous résistez à vos impulsions négatives. Soyez un impulsif positif.

Il y a quelques années, je me préparais à assister à la Conférence mondiale de la psychiatrie à Madrid. J'avais étudié l'Histoire de l'Espagne et j'étais curieux d'en apprendre plus sur certains incidents récents. «Si au moins je pouvais décrocher une occasion de coincer Francisco Franco pour lui demander face à face de m'expliquer trois choses», pensai-je.

C'était une idée extraordinaire mais qui semblait irréaliste; j'ai cependant décidé d'appliquer les enseignements de mes propres sermons et *d'essayer*. Je me suis abandonné à cette impulsion positive, j'ai pris le téléphone, j'ai appelé le bureau de mon député et lui ai demandé de m'aider. Ce petit appel et plusieurs autres m'ont entraîné dans un immense projet, comme une boule de neige qui roule en bas d'une pente et ça n'est pas encore fini.

«C'est impossible, docteur Schuller», me répondit mon député dans sa lettre. «Mes aides me disent que Franco n'a jamais accepté de se faire interviewer par un pasteur protestant. Si vous pouviez vous présenter en tant qu'auteur laïc, peut-être.»

«Je ne peux pas être malhonnête, répondis-je, essayez d'une autre façon, je vous en prie.»

Je me suis envolé pour Amsterdam et n'en ai plus entendu parler jusqu'à mon arrivée à Paris, où j'ai trouvé un câble qui m'attendait. Le message était bref et sans détours: «Le général Francisco Franco accepte de vous recevoir le 22 août à midi, à la Corona, Espagne.» On concluait par deux mots merveilleux, «Bonne chance.» Un simple appel téléphonique avait fait démarrer le projet qui continua de se développer par son propre élan qui acquérait vapeur et puissance.

Un jour quelqu'un m'a dit: «La vie est trop courte pour que nous puissions faire ce que nous voulons.» Je répondis: «Oh non, elle n'est pas trop courte, pas si vous commencez à temps!»

Réveillez-vous! Reprenez vite! Faites sauter les cordes de votre paresse! Brisez les chaînes de la léthargie! *C'est l'heure désormais de vous arracher au sommeil.* (Rom. 13:11) *Au temps favorable, je t'ai exaucé; au jour du salut, je t'ai secouru.* (2 Cor. 6:2) *Voici le jour.* (Ps. 118:24)

Décidez-vous à AGIR MAINTENANT! Échappez-vous de la prison de l'inertie! FAITES-LE MAINTENANT! Faites quelque chose MAINTENANT: téléphonez, écrivez une lettre, faites quelque chose! Remuez-vous! Agissez! Commencez! Démarrez! Allez-y! MAINTENANT!

Secouez vos pensées négatives. Balayez toutes les Pensées d'Impossibilités de votre esprit! Balayez-les! *Soyez des hommes, soyez forts.* (1 Cor. 16:13)

Brisez les obstacles. Fracassez les barrières. Vous pouvez creuser un passage dans la Grande Muraille de Chine. Comment? En ôtant une pierre après l'autre. Démontez vos problèmes en petits morceaux, en morceaux malléables.

Aspirez à l'accomplissement glorieux qui est votre destinée! Vous en décrocherez les plus grands honneurs. Vous serez respecté et admiré. Dieu vous bénira. Comme vous serez heureux! Vous deviendrez celui que vous avez toujours rêvé d'être. Commencez à agir en pensant positivement, DÈS MAINTENANT!

Si votre plus grand obstacle est de commencer, vous pouvez l'éliminer! Tout de suite!

8

L'enthousiasme, une puissance qui vous mettra en orbite

L'enthousiasme est la poussée puissante qui vous prendra d'un envol timide pour vous lancer en montée régulière. En contrôlant sa puissance explosive vous lancerez vos rêves en orbite! L'enthousiasme transforme les *je ne l'ai pas* en *je l'ai.* Il transforme les débutants en finissants. Il prend en main les défavorisés pour en faire des champions

Toutes les mathématiques du grand accomplissement reposent sur une formule simple. Partez avec un rêve. *Divisez* les problèmes et résolvez-les l'un après l'autre. *Multipliez* les possibilités passionnantes dans votre esprit. *Soustrayez* toutes les pensées négatives avant de commencer. *Additionnez* l'enthousiasme. Le résultat sera la réalisation de votre but.

L'enthousiasme, ingrédient de la victoire

Les rêveurs qui commencent sans enthousiasme perdent vite toute vapeur et finissent par un fiasco décevant, bredouillant sur le tremplin de la vie.

Une lame de couteau émoussée qui ne coupe plus rien; une fenêtre opaque qui ne laisse plus passer la lumière; une corde de guitare détendue qui ne chante ni ne résonne plus; un moteur paresseux qui tousse et hoquète en grimpant une pente boueuse. Voici le portrait du rêveur qui se fixe un but, prend des décisions et affronte ses problèmes sans enthousiasme. Injectez-lui un peu de cette puissance inspiratrice qu'on appelle l'enthousiasme et le couteau retrouvera une lame neuve, tranchant et coupant son chemin à travers une jungle d'obstacles; la fenêtre étincelle de nouveau, laissant pénétrer une vue grandiose et inspiratrice; la corde est bien tendue et accordée, transformant le ronronnement morne en un son vibrant.

Le moteur bredouillant se transforme en une belle machine puissante qui tourne régulièrement, laissant derrière elle la piste boueuse pour s'engager sur la chaussée solide de l'autoroute.

L'enthousiasme ressuscite les tempéraments découragés et défaitistes pour les transformer en dynamos chargées de puissance émotionnelle positive. Rien ne pourra plus les arrêter!

L'enthousiasme: ne le bloquez pas, libérez-le

Pour quelle raison, me demandez-vous, bloquerait-on délibérément le courant d'une puissance de réussite impressionnante telle que l'enthousiasme? La raison principale d'un comportement aussi irrationnel est peut-être la crainte d'une défaite décevante.

Lorsque la guerre du Vietnam était à son apogée, un Texan entreprenant du nom de Ross Perot bourra de cadeaux un avion à réaction et s'envola pour le Vietnam du Nord pour distribuer des colis de Noël aux prisonniers de guerre. On dramatisa et publia son tour du monde, qui s'avéra un échec total. Le gouvernement Nord-vietnamien lui ferma toutes les portes.

À son retour aux États-Unis, un journaliste vint lui demander: «Comment affrontez-vous une défaite aussi décevante?»

Il rétorqua: «Je n'ai pas échoué. À l'église, à l'école, à la maison et chez les scouts, on m'a toujours appris à essayer.» Et il conclua l'interview en disant: «J'ai réussi - à essayer.»

Si la peur de voir vos espoirs déçus retient votre enthousiasme, soyez assuré que vous ne connaîtrez jamais la joie de gagner. Si vous n'essayez jamais de gagner, vous pouvez être sûr de perdre. Si vous ne vous permettez jamais d'espérer, vos espoirs ne seront jamais déçus, ils ne verront tout simplement jamais le jour. Si au contraire, vous laissez votre enthousiasme développer des espoirs qui sont écrasés, vous apprendrez beaucoup, vous essayerez à nouveau et finirez par réussir beaucoup mieux que si vous aviez bloqué votre enthousiasme pétillant de jeunesse!

L'enthousiasme libéré est une puissance de réussite incommensurable, tellement que l'on peut le libérer en toute sécurité! Les chances sont si débordantes que vos espoirs ne seront pas arrêtés, ils seront surpassés.

Les excuses qui bloquent l'enthousiasme

Certaines personnes bloquent leur enthousiasme en invoquant les fausses raisons d'une dignité étouffée et renfermée. Les dignitaires de la pensée négative diront:

«C'est périmé.»

«C'est exagéré.»

«C'est tout à fait indigne.»

Ne laissez pas ces excuses bloquer votre enthousiasme en vous gardant si digne que vous en devenez ennuyeux. Vous aurez peut-être l'air d'une personne très bien mais pas très progressiste!

Un banquier... enthousiaste? Oui. Walter Braunschweiger libéra son enthousiasme et par sa force de persuasion, il transforma la Bank of America d'un succès très modeste en l'une des entreprises financières les plus puissantes au monde.

«La Pensée des Possibilités génère l'enthousiasme et personne n'a encore mesuré le dynamisme de cette force spirituelle», me dit Walter en me racontant l'histoire étonnante de cette banque dont il est vice-président.

«A.P. Gianinni a fondé en Californie une banque très prospère qu'il a appelée Bank of Italy. Certains d'entre nous se sont dit que le nom de Bank of America attirerait mieux les Américains du Midwest qui s'étaient établis en Californie. Nous avons fait une demande de charte. Je suis rentré de San Francisco la charte sous le bras, sûr de notre réussite. Et nous avons réussi! Si bien que monsieur Gianinni nous a demandé de lui céder le nom. Nous avons négocié. Nous nous sommes fusionnés et je me suis retrouvé à un poste de directeur.

«Un dimanche midi, pendant la deuxième guerre mondiale, j'ai reçu un appel de monsieur Gianinni. *Walter, nous savons qu'à la fin de la guerre, l'État éclatera de prospérité. Il nous faut préparer l'expansion - dès maintenant! Nous devons emprunter cinquante millions de dollars, immédiatement!* Sa voix décidée était pressante.

«Il a continué: *Walter, il n'y a qu'une place où amasser ces fonds - les grands investisseurs de New York, maintenant, Walter,* il fit une petite pause avant de lancer sa bombe, *ils se rencontrent à New York demain à treize heures. Tu y vas, tu leur parles et tu les persuades d'investir chez nous.»*

Braunschweiger en perdit la voix. Il savait qu'un tel discours exigeait des semaines, peut-être même des mois de recherche et de documentation, sans parler de la nécessité de conditionner soigneusement l'esprit des hommes qui allaient prendre la décision.

«Je savais que je ne pouvais pas me permettre de penser ou de prononcer le mot impossible devant le patron. Mais j'ai tout de même dit: *Excusez-moi, Monsieur, comment pourrais-je arriver pour une heure à New York?* Je savais qu'à cause de la guerre, il fallait réserver sa place dans l'avion des semaines à l'avance. De plus, comme l'avion à réaction n'existait pas encore, le voyage durait plus de douze heures.

«J'ai tout arrangé, Walter. J'ai appelé le président de la ligne aérienne. Ils t'ont réservé une place sur le vol de nuit partant de San Diego. Tu seras à New York tôt le matin. Tu as l'après-midi pour réunir les faits essentiels à ta présentation; tu pourras en préparer le plan dans l'avion. Revois soigneusement chaque détail! Souviens-toi que chaque fait devra être présenté avec détails et précision sinon, tu risques de violer la loi fédérale en annonçant des faits erronés dans le but de vendre des actions. J'ai tout remué pour réunir les données - notre actif, notre valeur nette, notre passif, les statistiques de croissance, etc. J'ai même réussi à ne pas manquer l'avion.

«À l'aube du lundi matin, l'avion s'est subitement mis à descendre pour faire un arrêt imprévu dans une ville du Sud-Est. Puis ce fut un vrai cauchemar! On m'a fait sortir pour laisser ma place à un général de l'armée! Je regardais les rêves de la compagnie s'envoler avec l'avion qui me laissait tout seul dans un aéroport vide.

«Désespéré, j'ai appelé le patron. *Ne t'inquiète pas, Walter, je vais arranger quelque chose.* Et il l'a fait. Il a loué un avion spécial. Quatre heures plus tard, j'étais de nouveau en l'air. Mais est-ce que j'allais arriver à temps pour la réunion de treize heures? Il était presque midi quand j'ai atterri à La Guardia. Je me précipitai dans un taxi en revoyant fiévreusement les subtilités de ma présentation finement détaillée et précise sur tous ses points légaux. Au moment où le taxi s'arrêtait devant l'adresse de Manhattan, je me suis vu avec horreur vêtu du complet et de la chemise dans lesquels j'avais passé la journée et la nuit précédentes. Ma barbe commençait à réapparaître. Mais je n'avais pas le temps. Je me suis engouffré à l'intérieur, j'ai attrapé un ascenseur et je suis arrivé au dernier moment dans le corridor de la salle de réunion. J'allais prendre ma présentation écrite. Plus de présentation écrite! Dans ma hâte folle, je l'avais oubliée dans le taxi.

«Monsieur Braunschweiger?» On m'appelait déjà. Que pouvais-je faire? *Une déclaration financière erronée et nous risquons tous la prison,* ai-je pensé. J'ai prié en silence et il m'est venu une inspiration! *Tu n'as qu'à montrer de l'enthousiasme.* Mais est-ce que des investisseurs de banque conservateurs, froids et calculateurs réagiront à l'enthousiasme?

«*Combien d'entre vous, Messieurs, sont déjà allés en Californie?* ai-je commencé. Les visages sérieux, glaciaux de ces hommes à complets noirs ont perdu unanimement toute expression. J'ai continué en disant: *Messieurs, c'est un état merveilleux qui grandit au soleil avec la douce brise de l'océan! Des kilomètres carrés d'orangeraies aux feuilles cirées parfument l'air pendant les mois d'hiver. Les doux rayons du soleil caressent chaudement la peau, transformant les visages blancs en sourires chauds, bruns, bronzés. Les touristes viennent de l'Iowa, de l'Illinois, de l'Indiana, du Minnesota chaque mois de janvier glacial pour se réchauffer au soleil du beau jardin vert qu'est notre État et ils y dépensent leur argent. Lorsque le printemps dégèle enfin les glaces à Chicago, ils rentrent chez eux, laissant derrière eux des millions de dollars et cet argent ne repart jamais vers l'Est: il reste ici au soleil pour former un puits d'argent qui grandit, qui grossit, qui enfle et devient aussi monumental qu'un vaste océan de pétrole souterrain encore inexploité!*

«Là, je me laissais vraiment emporter par mon propre enthousiasme! Sans avoir fait *une seule déclaration précise,* j'ai conclu: *Maintenant, Messieurs, dès la fin de la guerre, qui ne va pas tarder, les soldats que l'on avait postés en Californie reviendront vivre ici. L'État va se développer comme un champignon et la Bank of America qui, par charte peut établir des succursales, construira des succursales dans chacune de ces communautés en pleine croissance! Nous serons prêts à encaisser tout cet argent! Et je vous offre la première occasion d'investir dans une banque qui deviendra sûrement l'une des plus grandes au monde.*»

Il avait fini de faire son rapport. La suite est passée à l'Histoire. Ce groupe de financiers prudents acheta toutes les actions offertes, jusqu'au dernier dollar! L'enthousiasme a fait une vente de cinquante millions de dollars! L'avenir de la Bank of America a éclaté, à cet instant même!

L'enthousiasme: ne le désamorcez pas, utilisez-le!

«Je refuse d'en écouter une note de plus, j'ai trop peur de me mettre à l'aimer», commenta Rimsky-Korsakov en quittant la première de l'opéra de Debussy, *Pelleas et Mélisande.*

«Pourquoi résister à l'enthousiasme?»

«C'est que je risque de m'emballer et je devrai changer certaines choses», se dit l'individu retenu par la tradition.

L'homme a tendance à se laisser prendre dans l'engrenage. Dès que nous découvrons notre niche, nous courons nous y blottir. L'homme est porté à résister au progrès, à lutter contre le changement, à se défendre de toute idée qui sort de l'ordinaire; c'est pourquoi les hommes qui pensent négativement considèrent l'enthousiasme comme un danger auquel il faut résister avec force, comme une bombe à désamorcer.

«Ça ne s'est jamais fait ainsi.»

«Ce n'est pas la politique de notre compagnie.»

«Cela ne fait pas partie de nos traditions.» Ces généralisations négatives, destructrices et irréfléchies font des ratés de personnes qui pourraient être de grands enthousiastes.

De leur côté, les personnes responsables qui pensent positivement ne vont pas à l'encontre de la tradition. Leur instinct leur souffle que si une chose est passée dans la tradition, sa valeur doit avoir fait ses preuves. Celui qui pense positivement ne rejette certainement jamais la tradition. Il craint avec justesse, respect et modestie de détruire de façon irréfléchie l'ingrédient essentiel d'une formule dont le temps et l'expérience ont prouvé la valeur.

L'innovateur qui cherche à détruire des traditions est plus que certainement un être irresponsable, un réactionnaire négatif qui cherche de façon névrotique à attirer l'attention pour essayer désespérément d'édifier une personnalité faible.

Pourquoi donc la personne équilibrée qui pense positivement ose-t-elle se servir de l'enthousiasme qui risque d'entrer en conflit avec une tradition authentique et éprouvée? Parce qu'elle sait qu'il doit y avoir moyen de suivre le progrès tout en conservant les éléments classiques d'une tradition certifiée.

«Nous avons bien travaillé, maintenant essayons de faire mieux»: telle est son attitude. Elle ne désamorce donc jamais l'enthousiasme, elle se sert de cette puissance de création pour se motiver, elle et ses associés, à s'améliorer et à atteindre l'excellence!

«Nous avons bien fait, maintenant excellons», se dit-elle. Par son attitude positive, elle contrôle son enthousiasme dans le but de renouveler constamment la tradition qui, autrement, se mettrait à décliner et à s'auto-détruire. Les traditions que l'on ne cherche pas constamment à renouveler par un enthousiasme qui incite à exceller, à mettre à jour, à agrandir et à améliorer, sont vouées à la mort.

Ne laissez rien détruire votre enthousiasme, même les critiques ou les plaintes. Assumez l'attitude positive d'un directeur de compagnie qui déclarait: «Le service des plaintes est notre service de contrôle de la qualité.»

L'enthousiasme fait également des merveilles dans le domaine de l'éducation!

«Bon nombre de nos éducateurs sont affligés d'un obstacle professionnel: une réaction impulsive négative à l'enthousiasme.» L'orateur est un professeur du secondaire qui a beaucoup de succès et qui préfère garder l'anonymat. Il continue ainsi:

Nous considérons tout enthousiasme comme une émotion peu fiable. Nous avons ici une contrainte parce que nous permettons aux excès d'enthousiasme de nous aveugler face aux succès de l'enthousiasme. Nous insistons alors sur les dangers du sloganisme et nous ignorons les possibilités positives des slogans générateurs d'enthousiasme. Nous présumons que l'émotion est ipso facto anti-intellectuelle. Qu'en résulte-t-il? Nous mettons tout en oeuvre pour faire taire l'émotion chez les enfants que nous éduquons et nous nous plaignons ensuite qu'ils manquent de motivation et qu'ils ne s'appliquent pas!

Madame Walthers est l'un des professeurs les plus passionnants de tout Orange County, en Californie. Ses étudiants décrochent tous des notes exceptionnelles et s'amusent à le faire.

«Quel est votre secret?» lui demandai-je un dimanche à la fin du culte.

Elle me répondit en souriant: «Il s'agit d'une légère révision de l'approche traditionnelle. Je commence chacune de mes nouvelles classes en consacrant la première semaine à développer une attitude enthousiaste à la Pensée des Possibilités dans ma salle de classe. Je sais qu'un bon nombre de ces étudiants n'ont jamais eu de bonnes notes. L'image négative qu'ils se font d'eux-mêmes est aussi ferme et dure que le sol gelé du Minnesota, en plein mois de janvier. Le premier jour, mon discours sur la Pensée des Possibilités rejaillit et s'évapore, comme la première pluie du printemps. Ils rient intérieurement et quelquefois je les vois ricaner ouvertement. Le deuxième, le troisième et le quatrième discours, parsemés de slogans intéressants, commencent à pénétrer. Le cinquième jour, je leur donne leur premier test. Ça les dégèle complètement et je peux commencer à semer.»

«En quoi consiste le test?» lui demandai-je.

«Je leur annonce un examen écrit. Je les assure: *Je vais donner une note pour ce test. Cette note sera inscrite dans mon livre comme votre toute première note de l'année. Elle comptera dans la moyenne de fin d'année, comme toutes les notes des examens principaux. Rédigez-le. Remettez-le moi lundi prochain.*» Puis elle m'en tendit une copie. La voici:

SIX ÉTAPES PRATIQUES POUR TRANSFORMER VOTRE DÉSIR EN NOTES EXCELLENTES

«Si les désirs étaient des chevaux, les mendiants feraient de l'équitation.» Voici pour vous six étapes à suivre; mais avant, asseyez-vous confortablement et FAITES ce qui suit:

1. Déterminez la note finale que vous désirez atteindre. Il ne vous suffira pas de dire: «Je veux de bonnes notes.»

2. Déterminez ce que vous allez *donner* en retour de vos notes excellentes. On n'a jamais rien pour rien. Inscrivez ce que vous allez donner. Mettez-le par écrit.

3. Fixez le moment précis auquel vos notes excellentes apparaîtront: prochain test, examen sur le chapitre, rapport, etc.

4. Faites un plan pour réaliser votre désir et commencez *tout de suite*. Mettez-vous immédiatement à l'action, que vous soyez prêt ou non. Commencez DÈS MAINTENANT.

5. Faites une déclaration écrite de la note que vous désirez et inscrivez la date limite à laquelle vous devez y arriver; définissez ce que vous avez l'intention de donner en échange

de vos notes excellentes et décrivez clairement le plan qui vous permettra d'obtenir ces notes.

6. Lisez votre déclaration écrite à haute voix deux fois par jour - juste avant de vous coucher et dès que vous vous réveillez le matin. Lisez avec concentration et persuadez-vous que vous possédez déjà cette note.»

Faites ce test, vous aussi! Appliquez ces principes aux rêves et aux objectifs que vous vous êtes fixés.

L'enthousiasme déclenche des forces cachées

La pensée des impossibilités lutte plus férocement que tout autre chose contre l'enthousiasme. Certaines personnes les plus extraordinaires de notre monde d'aujourd'hui sont justement des professeurs qui savent susciter l'enthousiasme en pensant possibilités.

Il y a quelques années, dans son livre intitulé *The Process of Education,* Jerome Bruner défiait le domaine de l'éducation en lançant l'hypothèse suivante: «Il est possible d'enseigner avec efficacité n'importe quel sujet sous n'importe quelle forme, intellectuellement honnête, à n'importe quel enfant ayant atteint n'importe quel stade de développement.» Le progrès fait récemment auprès des sourds-muets, des aveugles et des handicapés par certains enseignants sachant penser positivement prouve qu'il n'avait pas tort!

Même si cela paraît incroyable, de nombreux enfants et adultes sourds-muets apprennent à apprécier la musique. Il est possible de leur enseigner le rythme, l'intensité et le volume.

On peut apprendre aux enfants sourds à reconnaître la vibration que font les sons dans les différentes parties de leurs corps: les graves dans l'estomac et dans les jambes, les intermédiaires dans la poitrine et les aigüs dans les sinus du front. Ces vingt dernières années, G. Von Bekesy, détenteur d'un prix Nobel pour ses recherches en science psychosomatique, a fait des expériences sur la perception des sons à travers la peau du conduit de l'oreille, produisant une sensation absolument équivalente à l'ouïe.

L'enthousiasme: vous en avez besoin, alimentez-le

L'enthousiasme, qu'est-ce exactement? Comment expliquer cette puissance qui fait disparaître les montagnes? Comment le susciter en soi? Ce mot se compose des deux mots grecs *en* et *Theos*. Littéralement, ils signifient *en Dieu*. On dit que ces personnes sont inspirées. Des gens IN SPIRITUS (en l'Esprit)! Remplissez votre vie de l'Esprit de Dieu et vous verrez toutes sortes de forces se libérer. Comme le disait un prophète hébreux des temps anciens: «Le zèle du Seigneur l'accomplira.»

Alimentez votre vie d'une foi positive et heureuse et vous vous verrez en train:

1. De repérer des occasions exceptionnelles;

2. De découvrir des solutions merveilleuses;

3. De vaincre des obstacles insurmontables;

4. De dévoiler les surprises que Dieu vous a réservées;

5. De pousser les nuages noirs jusqu'à ce que le soleil apparaisse.

C'est ça, l'enthousiasme. Comment le susciter en soi? Comment l'alimenter? Par une attitude mentale positive, voilà comment!

Maintenant vous allez apprendre comment alimenter votre enthousiasme par une attitude mentale positive.

9

Restez chargé à bloc par une attitude mentale positive!

L'enthousiasme ne se tarit jamais. Est-ce possible? Oui, si vous gardez constamment une attitude mentale positive.

Est-ce réaliste? Oui et je le sais. Il y a des années, l'homme sage qui a écrit les Psaumes a dit dans son premier psaume que «L'homme béni de l'Éternel est comme un arbre planté près d'un cours d'eau, qui donne son fruit en sa saison et dont le feuillage ne se flétrit point: tout ce qu'il fait lui réussit.»

La déception? Un mot qui ne fait pas partie du vocabulaire de ces gens. Ils parlent de *révision de tâches*. L'échec? Ils ne comprennent pas - ils parlent de *regroupement*. La dépression? Un petit hoquet du moteur de leur enthousiasme qui leur rappelle que leur réservoir d'inspiration est presque vide. Ils se dépêchent de le remplir d'attitudes mentales positives et les voilà repartis!

Souvenez-vous: Les cyniques à la pensée négative ont vite fait de traiter ces gens d'excentriques. Nombre d'humains ont une forte tendance à douter de la véracité de tout ce qui leur semble étonnant, jusqu'au jour où ils en font eux-mêmes l'expérience.

Si vous gardez votre enthousiasme chargé de pensées positives, votre personnalité se transformera de façon surprenante. Vous serez comme un arbre planté près d'un cours d'eau et dont le feuillage ne se flétrit point.

Une leçon efficace sur la vie

La légende raconte l'histoire d'un vieil homme et d'un jeune garçon qui voguaient ensemble sur une rivière qui les menait à travers la forêt vers un pays étranger. Le vieil homme sage ramassa une feuille dans l'eau et en contempla les veines. Il se tourna vers le garçon et lui demanda: «Mon fils, que sais-tu de ces arbres?»

L'enfant lui répondit: «Rien, Monsieur, je ne les ai pas encore étudiés.»

Le vieil homme dit: «Eh bien, mon fils, tu as perdu vingt-cinq pour cent de ta vie», et il rejeta la feuille dans l'eau.

Ils glissèrent près de la rive et le vieil homme ramassa un caillou luisant d'humidité. Il le fit rouler dans sa main jusqu'à ce que la pierre brille au soleil. «Mon fils, regarde ce caillou. Que sais-tu de la terre?»

Le garçon lui répondit: «Je suis désolé, Monsieur, je n'ai encore rien étudié à ce sujet.»

Le vieil homme rejeta la pierre dans l'eau et dit: «Mon fils, tu as perdu un autre vingt-cinq pour cent de ta vie si tu ne sais rien du sol. Maintenant tu as perdu cinquante pour cent de ta vie.»

Ils continuèrent à dériver et le crépuscule tomba. La première étoile apparut dans le ciel. Le vieil homme regarda vers le ciel et dit: «Mon fils, regarde cette étoile. Connais-tu son nom? Que sais-tu du ciel?»

Le garçon lui répondit tristement: «Excusez-moi, Monsieur; nous n'avons pas encore étudié ceci non plus.»

Le vieil homme lui dit d'un ton de reproche: «Fils, tu ne sais rien des arbres; tu ne sais rien du sol; tu ne sais rien du ciel; tu as perdu soixante-quinze pour cent de ta vie.»

Tout à coup, ils entendirent devant eux le ronflement et le rugissement d'un courant rapide. Le canot fut aspiré par le courant vif qui les jeta dans de violents rapides. Le petit garçon cria: «C'est une chute! Sautez! Que savez-vous de la natation?»

Le vieil homme répondit: «Je n'ai pas encore étudié cela.»

Le garçon lui répliqua du tac au tac: «Alors vous avez perdu *toute* votre vie.»

Tout comme il est très important pour un passager menacé de noyade d'avoir une certaine connaissance de la natation, ainsi il est tout aussi urgent pour vous de développer une attitude mentale positive. Grâce à elle, vous réussirez. Sans elle, votre enthousiasme ne survivra jamais.

Neuf principes pour édifier et conserver une attitude mentale positive

J'ai observé, étudié et analysé pendant des années, des gens qui gardent continuellement une attitude mentale positive. Ils laissent agir dans leur mentalité certains principes universels qui les aident à toujours penser positivement. Ces principes pourront certainement vous être utiles.

1. *Dites quelque chose de positif à chaque personne que vous rencontrez, chaque jour, quelle que soit la situation présente.* C'est irréaliste? Oui, si vous pensez Impossibilité mais très réaliste pour celui qui pense Possibilité! La personne enthousiaste apporte généralement de bonnes nouvelles, un salut chaleureux, une histoire amusante, un rapport encourageant, une prédiction optimiste! On est tout heureux de la voir arriver dans le couloir. Elle signifie bonnes nouvelles!

Nous étions en traversée sur le Pacifique lorsqu'on nous annonça qu'un certain jour, à quatre heures de l'après-midi, nous allions traverser un récif de corail particulièrement dangereux le long de l'île de Jeudi; au point critique, le navire allait devoir manoeuvrer à travers un passage du récif particulièrement étroit, qui faisait moins de trente mètres de large. À trois heures et demie, un pilote australien spécialisé monta à bord pour nous faire traverser le passage difficile. Une foule de passagers s'amassèrent sur le pont. Comme nous approchions des bouées de signalisation, quelqu'un fit remarquer: «Nous tirons dix mètres de fond et le passage n'a que dix mètres et demi de profondeur.» Ces mots glacèrent la foule qui, quelques instants auparavant, se pâmait d'enthousiasme devant les couleurs merveilleuses du récif de corail au fond de la mer.

Une personne à la pensée positive répondit: «Eh bien, il nous reste un bon cinquante centimètres! Nous n'allons qu'à dix-sept noeuds à l'heure. À part ça, le fond ne bouge pas. Nous ne disons rien quand nous roulons à quatre-vingt-dix kilomètres à l'heure vers une autre voiture qui arrive à la même vitesse sur la voie opposée. Nous nous croisons à moins de cinquante centimètres l'un de l'autre.» D'un coup, tout le monde éclata de rire et, pleins d'enthousiasme, les gens s'émerveillèrent de voir le navire virer adroitement en un angle serré à travers la fissure étroite qui s'ouvrait juste au-dessous de nous!

Lois Wendell est ma secrétaire personnelle depuis quatorze ans. Il y a douze ans, elle me téléphona pour me dire d'une voix troublée: «Bob», elle fit une courte pause avant de m'annoncer la terrible nouvelle. «On vient de me l'annoncer, j'ai le cancer. L'un des types les plus infectieux», dit-elle.

Je me précipitai chez elle. En stationnant devant la maison, je me demandai: «Pour l'amour de Dieu, qu'est-ce que je vais lui dire?» Je priai en espérant de tout mon coeur que Dieu allait m'aider à dire juste ce qu'il fallait. Elle m'a rappelé des années plus tard ce que je lui avais dit:

Tu as prié Bob, et ta prière positive a transformé ma frayeur en paix de l'esprit. Tu as fait une prière d'action de grâces: «Oh Dieu, nous te sommes si reconnaissants aujourd'hui. Nous te remercions de nous avoir permis de découvrir cette tumeur à un stade si précoce. Nous sommes reconnaissants de vivre dans un pays qui nous offre l'assistance médicale la plus avancée et la meilleure. Nous sommes reconnaissants de vivre à une époque où l'on fait d'énormes progrès dans le traitement du cancer. Nous te remercions de ce que Lois est entourée d'un grand nombre d'amis qui peuvent l'encourager: son mari, merci mon Dieu pour son mari, des amis, des parents, des voisins chrétiens, merci mon Dieu de les avoir placés là! Mais avant tout, nous te remercions de ce que Lois est dotée d'une foi merveilleuse. Elle ne sait pas ce que son avenir lui réserve, mais elle sait qui lui réserve son avenir! Amen.»

J'ai choisi cet exemple si extrême pour vous prouver que je crois de tout mon coeur, mon corps et mon âme qu'il est toujours possible de trouver quelque chose de positif à dire à chaque personne que vous rencontrez, chaque jour et dans n'importe quelle situation!

En appliquant ce principe régulièrement, vous ferez des merveilles. C'est incroyablement facile. Ça devient vite une heureuse habitude. Surtout si vous l'alliez au principe numéro deux.

2. *Trouvez chaque jour quelque chose de positif dans chaque situation.* Cherchez le bon côté et vous le trouverez!

Le jeune pasteur d'une toute petite église de l'Ouest doutait encore de la puissance de la Pensée des Possibilités, même après son stage à l'Institut de Garden Grove Community Church. Les idées qu'il avait pour le développement de son église restaient enfouies sous une montagne de problèmes; le plus pressant de ses problèmes, c'est qu'il n'avait pas de machine autocopiste adéquate. Le budget serré de l'église ne lui permettait pas d'engager une secrétaire et la machine autocopiste avait déjà passé depuis longtemps l'âge de la retraite. Un après-midi, le jeune pasteur essayait désespérément d'imprimer des pamphlets pour l'église; il avait déjà couvert d'encre son pantalon et sa chemise et utilisé deux fois plus de papier que ce qui était nécessaire. Tout à coup, une phrase qu'il avait entendue à l'Institut lui revint à l'esprit: *Chaque problème ouvre une possibilité.*

Voici comment il raconte lui-même son histoire: «Je n'avais jamais vraiment cru à cette affaire de Pensée des Possibilités. J'étais encore très cynique. Je savais que ce concept réussissait à Schuller, mais il ne pouvait pas me réussir à moi. Et pourquoi pas, au fait? Je me souvenais d'une conférence intitulée: *Ça marchera peut-être - Essayez donc! J'ai décidé d'essayer! Je m'inspirais du principe qui disait -*

Servez-vous de votre problème pour persuader les autres de votre bonne idée. Alors j'ai décidé de garder mes vêtements couverts d'encre pour assister le soir même à la réunion du conseil de l'église.»

Quelques heures plus tard, il se trouvait devant les membres de son conseil et disait: «Vous vous demandez bien sûr pourquoi j'ai choisi de porter ces vêtements tachés à la réunion. Veuillez me suivre dans l'atelier et je vous montrerai la coupable, la vieille machine autocopiste qui coule de partout. Messieurs, non seulement ai-je ruiné mes habits mais j'ai aussi gaspillé six cents feuilles de papier pour n'en imprimer que cinquante! Ce problème de fuite empire jour après jour; et pour le compliquer un peu plus, le prix des machines autocopistes augmente régulièrement.»

Le conseil se composait d'hommes d'affaires qui comprirent que plus ils attendraient, plus ils devraient débourser. L'un des anciens fouilla dans sa poche de pantalon et en retira son portefeuille en disant: «Révérend voici vingt dollars.» Un autre membre dit: «J'offre le même montant.» Avant la fin de la réunion, le jeune pasteur avait récolté trois cents dollars, qui lui permettaient d'acheter une machine neuve. Il était fou de joie, mais n'en croyait pas ses yeux. Puis il se dit: «La Pensée des Possibilités me réussit vraiment! Peut-être que je réussirais aussi à attirer les gens à mon église, si je le leur demandais.» Il se mit à faire des visites à domicile, c'est une chose qu'il n'avait jamais faite de sa vie. Il leur proposa la chose d'une manière enthousiaste et exubérante; même de parfaits inconnus se mirent à fréquenter son église! L'enthousiasme se répandit. À la fin de l'année, son église comptait soixante nouveaux membres.

«Si on continue comme ça, on comptera six cents membres dans dix ans, douze cents dans vingt ans, deux mille dans trente ans», se dit-il. «Mais nous n'arriverons jamais à les recevoir tous sur nos deux petits arpents de terrain.»

Il présenta ce problème au conseil. Douze mois plus tard, le jeune pasteur cherchait, avec l'entière approbation des membres du conseil, vingt arpents de terrain pour une nouvelle église plus grande. La table de dessin présentait des plans merveilleux et passionnants pour l'église extraordinaire que l'on allait inaugurer au vingt et unième siècle.

3. *Prenez l'habitude de penser «ça pourrait réussir.»* Lorsque vous discernez quelque chose de positif dans une situation, faites comme le jeune pasteur. Dites-vous que ça pourrait réussir. Vous allez ainsi nourrir votre esprit de pensées positives qui génèrent l'enthousiasme.

Une Française à la pensée positive vivait dans une petite maison du pays Bayou, en Louisiane. Elle adorait cet endroit. Mais elle était entourée de voisines à la pensée négative qui grognaient et se plaignaient de *cette vie solitaire dans ce pays isolé et retiré de tout.*

Un jour la femme qui pensait positivement décida qu'elle en avait entendu assez. Elle gronda les pionnières françaises désagréables et mécontentes en leur disant: «Vous vivez dans le bayou. Le bayou rejoint le torrent. Le torrent rejoint le fleuve. Le fleuve atteint le golfe. Le golfe s'élargit dans l'océan. Et l'océan touche les rives des pays du monde. Vous pouvez aller partout où vous voulez à partir d'ici.»

Sachant que vous pouvez arriver où vous voulez à partir d'où vous êtes, vous vous mettez à croire qu'il serait bien possible que vous réussissiez. Alors vous allez de l'avant et vous réalisez le principe numéro quatre.

4. *Nommez-vous président de votre propre "Club des Pourquoi Pas"* Ed, jeune avocat exceptionnel d'une compagnie de Los Angeles et diplômé du Harvard Law School, a épousé Vicki, hôtesse de l'air adorable. Ils ont commencé à se demander: «Que pourrions-nous faire, en tant que chrétiens, pour aider les autres?» À l'approche de la fête de l'Action de Grâces, ils se sont aperçu que des centaines de personnes âgées vivaient, abandonnées et oubliées, dans de petits appartements ou dans des pensions.

Ils décidèrent d'organiser un déjeuner de l'Action de Grâces pour ces gens solitaires et oubliés. Ed se rendit à l'un des hôtels de l'endroit. Il demanda au gérant s'il avait une grande salle de congrès pour un déjeuner en l'honneur de personnes âgées, pour le jour de l'Action de Grâces. Il reçut une réponse brève et négative. Ed regarda le gérant et lui demanda: «*Pourquoi Pas?*»

Le gérant hésita un instant puis répondit: «D'accord.»

Ed se rendit ensuite dans certaines compagnies qui faisaient affaires avec son employeur. Il savait qu'elles gardaient de côté des fonds de charité et il leur en demanda. On lui dépondit: «Notre politique s'oppose aux dons de ce genre. Nous ne pouvons rien donner maintenant. Je suis désolé, Ed.» De nouveau, Ed demanda: «*Pourquoi Pas?*» Et il réussit à nouveau; il reçut l'argent nécessaire. Sa femme décida du menu, acheta des dindes, des légumes et du dessert et s'arrangea pour que le tout soit préparé et livré chaud à l'hôtel.

Au matin de l'Action de Grâces, à onze heures et demie du matin, assis dans le hall de l'hôtel, nerveux, Ed et Vicki furent soudainement foudroyés par la même pensée. Et si aucune de ces personnes n'acceptait l'invitation? Ils avaient fait distribuer des pamphlets dans de nombreux petits hôtels et dans des pensions disant: «Soyez les bienvenus à un déjeuner de l'Action de Grâces.»

Ils n'avaient reçu aucune réponse directe et ils ne savaient pas vraiment à combien de personnes ils devaient s'attendre, une ou mille? On avait prévu le déjeuner pour midi. À onze heures quarante, une petite vieille, tremblante sur sa canne, entra dans l'hôtel et demanda: «Est-ce que c'est ici qu'a lieu le déjeuner?»

Ed raconte qu'il fut si heureux de la voir qu'il eut envie de sauter vers elle et de l'embrasser. Ils avaient au moins un invité, pour sûr. Bientôt d'autres personnes arrivèrent; puis d'autres et encore d'autres. Quand ils s'assirent à table, ils étaient trois cents à partager l'esprit de l'Action de Grâces. Ce fut un déjeuner merveilleux.

Ils décidèrent de fonder le «Club *Pourquoi Pas*»; ils se nommèrent respectivement président et vice-présidente.

Ce déjeuner fut tellement réussi que Ed et Vicki décidèrent de faire la même expérience à Noël, dans Watts, un quartier de Los Angeles, en l'honneur des enfants défavorisés. De nouveau, ils se dirent «*Pourquoi Pas?*»

Ils firent goûter les merveilles de Noël à quatre cents enfants provenant de familles pauvres. Ils leur donnèrent des déjeuners de Noël et des cadeaux, des chants de Noël et la bonne nouvelle de la naissance de Jésus-Christ.

Pourquoi Pas? Si une bonne idée vous traverse l'esprit et que vous ne faites rien pour la réaliser, personne ne le fera pour vous. Pourquoi pas vous? Quelqu'un d'autre réussit. Demandez-vous: «S'ils en sont capables, pourquoi pas moi?»

Robert Kennedy aimait à dire: «Certains hommes voient les choses telles qu'elles sont et disent: *Pourquoi?* Moi je rêve de chose qui n'ont jamais existé et je dis: *Pourquoi Pas?*»

5. *Animez chaque idée positive qui vous traverse l'esprit avec du F.L.M.- Faites-Le Maintenant.* Ne laissez jamais une idée positive pourrir sur l'arbre. Cueillez-la. Conservez-la. Ne la laissez pas mourir dans les limbes de l'inaction. Animez-la sinon elle va s'évaporer.

Lorsque des idées positives me traversent l'esprit, j'en prends note immédiatement. C'est extrêmement important. Tenez une fiche perspective pour vos idées perspicaces. À côté de chaque bonne idée, inscrivez F.L.M. -Faites-Le Maintenant. F.L.M., avant que quelqu'un d'autre ne le fasse et que tu ne te retrouves Gros-Jean comme devant.

Sir Alexander Fleming, prix Nobel, grand bactériologiste écossais, a découvert l'antibiotique qui sauve tant de vies, la pénicilline. Un matin, dans son laboratoire de l'université de Londres, il remarqua que le fongus qui se trouvait autour de la bactérie sur le plateau de culture avait péri. Il recueillit un peu de cette moisissure dans une éprouvette pour mieux l'étudier. «Ce qui m'a impressionné, relate un observateur, c'est que dès qu'il a remarqué ça, il a agi. Combien d'entre nous, en remarquant quelque chose d'inhabituel, se contentent de déclarer *C'est intéressant* et ne s'en préoccupent plus!»

Réalisez vos idées positives et vous planterez une graine. Plantez une graine et, tout naturellement, vous commencerez à vous attendre à ce que quelque chose de merveilleux vous arrive!

6. *Pratiquez les prévisions positives.* Certaines gens semblent toujours être enthousiastes. Comment font-ils? Ils s'attendent à ce que des choses passionnantes leur arrivent.

Lorsque mon niveau d'enthousiasme descend plus bas que le haut degré d'énergie que je me suis établi, il m'est généralement facile d'en repérer la cause: «Je ne m'attends pas à ce que quelque chose de passionnant m'arrive aujourd'hui!» La solution est toute simple. Planifiez quelque chose de passionnant! Trouvez une idée passionnante et les événements suivront.

Il y a quelques années, le docteur Norman Vincent Peale a décidé, avec un petit groupe de membres de Marble Collegiate Church, de mettre à l'épreuve la puissance de l'attente positive. Chacun écrivit ce qu'il attendait de la nouvelle année et enferma le petit papier dans une enveloppe scellée. Ils décidèrent de se réunir l'année suivante, le même jour et à la même heure et de relire leurs petites notes. Le résultat fut des plus intéressants. Un homme avait écrit: «Tout ce que je peux attendre de l'année prochaine, c'est ma même petite vie de misère.» Et c'est ce qui arriva. Une femme énuméra dix objectifs de valeur qu'elle s'attendait à atteindre; neuf d'entre eux s'accomplirent. Elle avoua que comme elle s'attendait à les atteindre, elle s'est mise à la tâche pour y arriver. Un autre homme s'inspira des prédictions de son signe du zodiac, le Capricorne, qui lui annonçait *une année de difficultés et de frustrations.* Il a eu ce qu'il attendait! Une autre femme, Capricorne elle aussi, n'avait aucune idée de ce que son horoscope lui prédisait. Elle passa une année merveilleuse. L'un des hommes du groupe mourut au cours de l'année. Durant la réunion, les membres du groupe ouvrirent son enveloppe. Il y avait inscrit: «Comme, dans ma famille, aucun homme n'a passé l'âge de soixante ans, il est bien possible que je meure l'année prochaine.» Et il mourut un mois avant d'atteindre son soixantième anniversaire. Attendez-vous toujours aux meilleures choses et votre enthousiasme restera à un niveau élevé très sain.

7. *Développez la puissance du positif.* Et si vos belles attentes ne s'accomplissent jamais? Suivez ce principe: comptez vos bénédictions et non vos problèmes car grâce à cette attitude votre esprit restera fort. La lettre que j'ai reçue d'une femme illustre merveilleusement le *mais* positif. En voici une partie:

> *J'ai perdu mon mari, mais j'ai encore mes enfants, grâce à Dieu. Nos actions sont terriblement descendues, mais j'ai toujours ma maison qui est entièrement payée, et ça c'est quelque chose. J'entends toujours plus mal, mais je vois encore très bien, donc je peux lire. Mon fils a déménagé dans un autre état, mais nous nous parlons une fois par semaine pendant quelques minutes au téléphone.*

8. *Disciplinez-vous pour devenir un réactionnaire positif.* On a demandé un jour au docteur Norman Vincent Peale jusqu'à quel point il appliquait la pensée positive. Le docteur Peale répondit: «Je l'applique à toutes les situations que je peux contrôler.» La vie vous mettra dans des situations que vous ne pourrez pas contrôler. Supposez que l'un de vos proches meure dans un accident d'automobile. Vous ne pouviez nullement contrôler ce terrible événement *mais vous pouvez contrôler votre réaction.* Quel effet cet événement aura-t-il sur vous? Le malheur ne vous laisse jamais là où il vous a trouvé. Vous allez changer. Vous allez vous améliorer ou empirer. Vous faites ce choix. Devenez un réactionnaire positif. Servez-vous de votre tête. Tirez le meilleur de la situation; réagissez positivement et au lieu d'amplifier votre chagrin, de

ressasser votre douleur, réduisez ses effets destructifs en en retirant du bien, du bon.

J. Wallace Hamilton parlait du temps qu'il avait passé dans le désert, entre les sections arabes et israëliennes. Il aperçut un petit garçon qui jouait de la flûte et lui dit: «Viens ici, garçon.» Sa flûte avait un jour été le canon d'un fusil. On avait transformé un instrument de destruction en un instrument de musique. Ça, c'est une réaction positive. «La vie, a dit quelqu'un, c'est dix pour cent ce qui vous arrive et quatre-vingt-dix pour cent *la façon dont vous réagissez* à ce qui vous arrive.»

Rappelez-vous qui vous êtes. Vous êtes un Penseur des Possibilités. La règle du jeu dit: *Un Penseur des Possibilités n'abandonne jamais!* Il ne renonce jamais; il ré-ajuste, tout simplement! Il reverra son horaire. Il diminuera la portée de ses plans. Il réorganisera ses ressources. Il rapetissera ses voiles mais il n'abandonnera jamais! Il se reprendra, se réorganisera, refera son horaire, il ira même jusqu'à se retirer un peu mais il n'abdiquera pas!

«C'est une phase d'attente» répétez-le-vous. Tout vient à point à qui sait attendre. «Comptez sur le Seigneur, prenez courage et il fortifiera votre coeur. Je vous le dis, confiez-vous dans le Seigneur.»

9. *Alimentez constamment vos émotions positives.* Les émotions positives génèrent et rafraîchissent l'enthousiasme. Laissez vos émotions négatives vous dominer et vous deviendrez un pessimiste découragé, déprimé, ou fâché et frustré. Laissez les émotions positives guider votre personnalité et l'enthousiasme envahira tout votre être. Vous vous sentirez en harmonie avec l'univers. Si vous laissez les émotions négatives s'introduire dans votre esprit, vous *sentirez* les

vibrations négatives vous remplir d'une sensation intérieure de discorde et de dissonance. Vous n'avancerez plus au rythme cosmique de l'univers.

Vous êtes une créature rythmique

«L'homme est avant tout un être rythmique», écrit le docteur Giacobbe. «On trouve du rythme dans le repos, l'activité, l'alimentation, le sommeil, les battements du coeur et des façons harmonieuses dans la respiration et la marche. De nombreux organes, tels que le foie et les reins sont incapables de fonctionner longtemps sans la présence d'une pulsation rythmique dans le système sanguin.»

Il est tout aussi important de découvrir que l'esprit, tout comme le corps, fonctionne en rythme. Le professeur Hans Berger fut le premier, dans son laboratoire, en 1923, à démontrer la présence d'un rythme dans le cerveau humain. Selon l'édition d'avril 1972 du *Music Educators Journal*, il découvrit que les ondes ont une fréquence constante et qu'elles sont influencées par différents états physiques et mentaux. Dans son livre intitulé *Music Therapy,* Edward Podolsky dit: «La fameuse citation de Descartes, *Je pense, donc je suis,* devrait peut-être se dire *Je rythme, donc j'existe.*» Edward Podolsky dit également: «On sait maintenant que le rythme musical influence profondément le rythme du cerveau et par conséquent le fonctionnement de ce dernier.» Podolsky a découvert que le rythme harmonieux ou discordant du cerveau dépend des stimuli utilisés. Il remarqua que le rythme musical influence profondément le rythme du cerveau et que le rythme du cerveau influe sur le fonctionnement du cerveau.

Qu'est-ce que tout cela vient faire avec l'enthousiasme? Vous pouvez décider du rythme de votre cerveau selon les émotions dont vous l'alimentez. Les émotions positives stimulent le rythme harmonieux qui produit un enthousiasme perpétuel. Les pensées négatives produisent des émotions négatives causant une dissonance intérieure de l'esprit, éteignant l'enthousiasme plus rapidement qu'un clin d'oeil. Les émotions négatives interrompent le rythme harmonieux intérieur. Il en résulte des tensions. La musique s'arrête! Introduisez des émotions positives dans votre cerveau et le rythme naturel reprend. On peut de nouveau entendre les belles harmonies! Vous vous remettez à siffloter.

Pour maintenir une charge constante d'émotions positives, commencez par développer une sensibilité discriminatrice jusqu'à ce que vous sachiez faire la différence entre une émotion positive et une émotion négative. Voici une liste qui va vous aider. Vous remarquerez que Dieu a élaboré le système émotionnel humain de façon à offrir un *remède* à chaque *maladie*: une émotion positive à sélectionner pour éliminer chaque émotion négative.

Émotions positives	*Émotions négatives*
Foi	Inquiétude
Espoir	Désespoir
Amour	Colère (Haine)
Confiance	Soupçon
Crédulité	Cynisme
Courage	Peur
Joie	Chagrin
Cordialité	Mélancolie
Sécurité	Anxiété
Confiance	Inquiétude
Admiration	Jalousie
Détermination	Résignation
Inspiration	Inflammabilité

Gratitude	Plainte
Optimisme	Pessimisme
Amitié	Hostilité
Humour	Tension
Respect de soi	Condamnation de soi
Importance	Futilité
Liberté	Esclavage
Acceptation	Réprobation
Compliments	Critiques
Ambition	Léthargie
Pardon	Culpabilité
Générosité	Avarice
Aspiration	Retrait

Ensuite, faites quelques tests. Quels sentiments vous dominent? Continuez à stimuler vos émotions positives et à en alimenter votre esprit; c'est ainsi que vous développerez une attitude mentale positive. Ainsi votre esprit sera en harmonie avec l'Esprit cosmique. J'appelle cette puissance supérieure *Dieu.* Jésus appelait cette puissance supérieure *Mon père dans les cieux.* Lorsque vous aurez appris à vivre en harmonie avec ce Rythme de l'univers, vous serez lié à une Force spirituelle qui vous assurera un enthousiasme perpétuel.

À vous de choisir votre structure émotionnelle

Et ceci, en sélectionnant les stimuli auxquels vous vous exposez.

1. Contrôlez vos lectures. Stimulent-elles vos émotions positives ou vos émotions négatives?

2. Et les conférences, les émissions de télévision et les spectacles? Représentent-ils pour vous une stimulation positive ou négative?

3. Que vous font vos amis?

4. À quel point votre religion, ou votre absence d'appartenance religieuse, influence-t-elle votre structure émotionnelle?

5. Étudiez votre conversation. La langue génère des vibrations positives ou négatives. Quel type de *conversationnaliste* êtes-vous?

On a beaucoup appris et écrit sur le fait que les couleurs, le vocabulaire, l'architecture, l'art, la musique et même le paysage rayonnent des vibrations qui stimulent les émotions positives ou négatives. Le rouge excite. Le vert tranquillise. Les paysagistes considèrent certaines plantes, comme le cactus, comme des plantes impressionnantes, alors que les pins et les saules ont un effet calmant sur l'esprit. Certains édifices sont *froids,* d'autres sont *chauds.*

Votre vocabulaire - ami ou ennemi? Il est très important de se rendre compte que les mots que vous choisissez dans votre quotidien génèrent des vibrations positives ou des sensations négatives. «J'ai perdu mon père», dis-je à l'un de mes amis peu de temps après la mort de mon père. Il me corrigea: «N'utilise jamais le mot *perdu.* C'est un mot négatif. Il n'est pas *perdu* et il n'est pas *mort*. Il est *allé de l'avant* et tu te *souviens* encore de lui.»

Ceux qui étudient l'hypnose sont conscients de l'immense valeur des mots, tout comme les experts en relations publiques, les diplomates, les spécialistes en communication et les experts en propagande. Vous aussi pouvez devenir un expert.

Les affirmations positives produisent des rythmes positifs

Pour conserver un sens d'harmonie intérieure chargée d'émotions positives, n'oubliez pas la règle suivante: *Ne verbalisez jamais une émotion négative*. Lorsque vous sentez arriver une émotion négative, qu'en faites-vous? Ne dites jamais: «Je suis fatigué, ou fâché, ou peiné.» Car en le disant, vous fortifiez et amplifiez la puissance de la force négative. Vous abdiquez littéralement et vous abandonnez votre volonté à un ennemi. Rien n'est plus destructif que cela. D'un autre côté, les affirmations positives avortent l'émotion négative avant qu'elle ait le temps de naître. La seule façon intelligente de lutter contre la mauvaise herbe est de planter un gazon épais et en pleine santé. Le seul moyen efficace de détruire une émotion négative est de verbaliser une déclaration positive. Vous contre-attaquez l'émotion négative qui vous envahit en lui tirant son opposé positif. De quelle façon? En vous servant d'une affirmation qui libérera l'émotion positive. Admettons par exemple que vous êtes malheureux parce que vous n'arrivez pas à arrêter de fumer. Vous ne le verbalisez pas négativement: «Si au moins je pouvais arrêter de fumer!» En vous exprimant ainsi, vous vous soumettez à la force mauvaise et la laissez vous dominer complètement. Dites au contraire: «J'ai du plaisir à ne pas fumer.», «J'adore me sentir libre d'une habitude qui m'avait réduit à l'esclavage.», «J'adore le goût de propreté de ma bouche depuis que j'ai arrêté de fumer.» En prononçant ces mots réels, vous avez *commencé* à arrêter.

Les problèmes conjugaux

Vous avez des problèmes émotionnels dans votre mariage? Ne faites pas confiance aux sentiments négatifs. Vous ne donnerez pas, vous n'avez pas le droit de donner souffle de vie à une émotion négative en criant: «Je n'aime plus ma femme.» Vous allez affirmer au contraire: «Mes sentiments pour elle sont en train de changer. Je ne comprends pas les nouveaux sentiments que j'ai pour elle, mais je sais une chose, c'est qu'elle doit avoir de nombreuses qualités merveilleuses, sinon je ne l'aurais pas épousée.»

Transformez ceux qui vous entourent

C'est aussi un secret pour réussir à transformer ceux qui vous entourent. J'enseigne régulièrement aux pasteurs la manière de prêcher dans le but de transformer les gens. Ne leur dites pas qu'ils sont des pécheurs. Ils vous croiront et vous renforcerez cette image négative qu'ils se font d'eux-mêmes! Vous graverez fermement cette impression négative dans leur esprit et leur conduite ne fera que vous prouver à quel point vous aviez raison. Si vous placez une image négative sur le film de leur subconscient, vous n'obtiendrez qu'une photo négative! Affirmez positivement qu'ils sont les gens que vous désirez qu'ils soient et ils répondront à vos attentes. Jésus a dit: «Vous *êtes* le sel de la terre.» Les affirmations positives produisent une attente positive, qui à son tour produit des émotions positives qui produisent un enthousiasme positif!

Servez-vous d'affirmations positives pour devenir la personne que vous rêvez d'être. Affirmez: «Je deviens toujours plus mince.», «J'acquiers chaque jour plus de connaissances.», «Je renforce chaque année ma base financière.», «Je deviens chaque année une personne plus polie et plus belle.»

Lisez la suite. Elle vous apprendra à utiliser les sept affirmations puissantes qui vous pousseront de l'avant même lorsqu'il vous semblera que tout espoir, tout rêve et toute raison d'être semblent s'écrouler autour de vous.

10

N'abandonnez jamais

«Je n'ai pas de bonnes nouvelles pour vous», le médecin qui s'adressait ainsi à Pat Nordberg, vingt-deux ans, avait un visage sinistre. Le mari de Pat, Olie, lui prit la main.

«Continuez, Docteur», dit-elle.

«Vous avez un anévrisme dans la partie la plus inaccessible du cerveau. Votre condition ne s'améliore pas. Vous pouvez mourir n'importe quand. Vous aurez peut-être des chances de vivre si l'on n'y fait rien.»

Le médecin continua son rapport froid et scientifique:

«Une intervention chirurgicale? Je dirais que vous n'avez pas plus de dix pour cent de chances d'y survivre, c'est tout. Nous devrions sortir votre cerveau de sa boîte. Je devrais le tenir dans mes mains. Nous ne savons pas quel effet ceci pourrait avoir sur vos fonctions mentales, si vous survivez.»

Étourdis par le choc, Pat et Olie marchèrent jusqu'au stationnement comme dans un rêve; un amour inexprimable se déversait entre leurs deux coeurs tout au long du voyage du retour.

«Mammie, Mammie», cria leur petit garçon de cinq ans en courant dans les bras chauds et pleins d'amour de sa merveilleuse maman. Elle avait beaucoup de peine à prendre sa décision, à cause de son fils et de son mari. Devait-elle choisir l'opération qui ne lui laissait qu'une chance sur dix de s'en sortir? Devait-elle laisser les choses suivre leur cours, espérant et priant Dieu d'empêcher le prochain mal de tête? Elle se souvenait du premier qui l'avait terrassée quelques mois auparavant. Elle avait senti le vaisseau sanguin éclater. Elle avait senti le liquide chaud se déverser dans son cerveau avant de perdre connaissance.

On avait pris de nouvelles radiographies. Le diagnostique restait le même. L'anévrisme était toujours là.

«Eh bien, Pat, lui avait dit le médecin. C'en est un gros. S'il éclate, tu es finie.» Et il lui expliqua: «Un anévrisme est une saillie faible à l'intérieur d'un vaisseau sanguin; on ne sait jamais quand il va éclater.»

«Pourquoi moi? Qu'est-ce que j'ai fait? Je me suis toujours bien conduite.» Seule dans sa chambre à coucher, Pat pleurait de colère mêlée d'apitoiement sur elle-même. À des kilomètres de là, dans son bureau, Olie, brillant diplômé de Harvard Business School, priait Dieu de le guider entre les appels téléphoniques de ses clients terriblement troublés par leurs *problèmes énormes*.

«Cherchez premièrement le Royaume de Dieu.» Ces mots venus d'on ne sait où traversèrent l'esprit de Pat. Comme une musique douce qui se met à jouer, apportant soudainement une douce atmosphère dans la chambre, l'arrivée de ce verset de la Bible remplit d'une paix divine la jeune femme aux yeux rougis. Elle savait maintenant sans l'ombre d'un doute ce qu'elle allait faire.

Elle appela Olie. «Chéri, je n'ai plus peur. Je sais que si je meurs, Dieu aura quelqu'un qui saura mieux que moi aimer mon fils et mon mari.» Elle fit une pause, puis déclara d'une voix extrêmement calme et froide: «Olie, je vais appeler le médecin et lui faire part de ma décision: opérez»

«Pat va se faire opérer. Elle entre à l'hôpital demain matin.» La voisine de Pat annonçait la nouvelle dans toutes les maisons de la rue, à Fullerton, en Californie. «Olie va la conduire à l'hôpital en se rendant au bureau; on dit qu'elle n'a pas grand'chance d'en ressortir vivante ou normale, mais elle dit que c'est la décision que Dieu l'a amenée à prendre.»

Le lendemain matin, un linceul flottait au-dessus des cuisines des maisons de toute la rue. Les enfants coururent à l'école, les maris s'en allèrent travailler mais chacune des femmes, dans sa maison, surveillait l'horloge de près. Olie allait quitter la maison à huit heures précises. Une des voisines appela l'autre pour lui dire: «Nous devrions sortir sur le perron au moment où elle va partir et la saluer de la main et lui lancer une prière avec un sourire et un baiser!»

Avec calme, tranquillité et sang-froid, Pat entra dans la voiture; Olie portait sa petite valise. Il ouvrit la porte du garage et s'engagea dans la rue. Pat pu voir ses voisines, toutes alignées sur les deux côtés de la rue. Elle sourit.

De la même façon qu'un enfant se confectionne une lanterne d'Halloween en découpant le sommet d'une citrouille avant de la creuser, ainsi on découpa le sommet du crâne de Pat, avec une scie et une mèche, et on l'ôta, exposant ainsi le cerveau. Le médecin passa sa main gantée de caoutchouc dans la cavité crânienne pour en retirer le cerveau de la jeune mère et enleva la section faible du grand vaisseau sanguin qui menaçait d'éclater. Délicatement, doucement, tendrement, presque avec une pointe de vénération, il remit le cerveau en place et se prépara à refermer l'ouverture.

Tout comme le couvercle de la lanterne d'Halloween, on replaça le couvercle du crâne, le couvrant d'une plaque de métal. On pouvait maintenant dérouler le cuir chevelu, qui avait été tiré en arrière pour l'opération, le remettre en place et recoudre. Les cheveux allaient repousser en leur temps si elle survivait.

Pour son mari qui attendait dans l'anti-chambre, l'opération dura une éternité. «Vivait-elle encore? Est-ce qu'elle le reconnaîtrait après l'opération? Retrouverait-il un légume? Une maniaque? Une enfant? Ou *Seigneur, je t'en supplie, la même Pat que j'ai aimée?»* Ces questions se précipitaient dans son esprit pendant qu'il priait, le visage baigné de larmes entre ses deux mains.

«Monsieur Nordberg?» La voix familière du médecin le ramena sur terre. Il regarda le visage sombre du chirurgien. «Voilà, c'est fait Olie, dit le docteur. Nous ne pouvons plus qu'attendre, en priant. Nous devrons peut-être attendre des jours avant de savoir si elle va vivre et si oui, dans quelles conditions.» Olie ne pouvait pas en espérer plus.

Sa tête rasée, enveloppée dans des bandages blancs, immobile au milieu de l'oreiller, lui donnait l'apparence d'une morte. Nuit et jour, heure après heure, jour après jour, les infirmières en service vingt-quatre heures sur vingt-quatre attendaient, espérant un signe de conscience. Est-ce qu'elle ouvrirait les yeux? Est-ce que ses lèvres remueraient? Seraitelle capable de parler?

Le matin du quatrième jour après l'opération, l'infirmière de service qui s'était retournée pour un instant entendit derrière elle une voix douce mais claire: «Mademoiselle, pourriez-vous m'apporter un peu de rouge à lèvres, s'il vous plaît?» Elle se retourna vitement et regarda Pat qui avait les yeux ouverts, alerte et, pensa-t-elle, assez saine d'esprit pour désirer se faire belle.

Si au moins la parole avait pu continuer à lui venir aussi clairement. Pendant les semaines qui suivirent, le cerveau blessé de Pat fut incapable de former des phrases normales. Les mots se mélangeaient et ne se suivaient pas comme ils l'auraient dû. Pour compliquer le problème, Pat ne réussissait pas à coordonner les membres de son corps. Ne serait-elle jamais capable de reprendre une vie normale?

Les mois passèrent. Elle put à nouveau accompagner sa famille à l'église.

Un membre de l'église l'arrêta pour lui dire: «Pat, je crois que tu pourrais nous aider comme volontaire à l'école de l'église pour les enfants retardés. Nous aurions besoin d'une adulte qui puisse surveiller et observer chaque enfant qui est en mesure d'apprendre. Voudrais-tu nous aider, s'il te plaît?» Pat ne s'est pas fait prier! On lui offrait l'occasion de prouver que, malgré le mauvais fonctionnement de son corps et ses difficultés à parler, elle pouvait se rendre utile. Les événements qui suivirent transformèrent sa vie.

Voici comment elle les raconte: «J'ai remarqué une petite fille de huit ans, Janine, qui n'était supervisée par aucun volontaire adulte. Quand j'ai demandé pourquoi, on m'a répondu: *C'est un légume. Elle n'a aucune chance de se développer. Elle ne reconnaît même pas sa propre mère. Elle ne sait pas marcher et elle ne le saura probablement jamais.* Je me suis sentie si triste pour elle, raconte Pat. Je me suis assise par terre à côté d'elle. Elle ne faisait que déchirer du papier et agitait son doigt sur ses lèvres qui marmonnaient. C'était si triste à voir. Je l'ai observée. Puis quand ses yeux sont montés vers moi, je lui ai souri. Elle a regardé mon sourire et le miracle s'est produit! Elle s'est traînée jusque vers moi, a enfoui sa tête dans mes genoux et s'est mise à sangloter sans plus pouvoir arrêter. Je lui caressais doucement le dos; elle a trempé ma robe de ses larmes. *Oh, mon Dieu* ai-je pensé en priant, *si l'amour par lui-même est capable de ceci, que pourrait donc l'amour doublé d'une éducation, pour un enfant?* J'ai décidé sur le champ que je voulais devenir psychologue pour enfants.»

Pat savait qui elle désirait être. Elle allait devoir affronter des barrières terribles. Avant de s'inscrire à l'université, elle allait devoir régler le problème de transport. Elle ne pourrait se rendre à ses cours qu'en voiture. Et elle n'avait jamais appris à conduire. Dans son état actuel, elle n'avait pas assez de coordination physique pour passer un examen de conduite! Mais elle eut une idée géniale. Elle avait entendu dire que la danse hawaïenne développait la coordination du corps. Elle y réussit au bout de deux pleines années de leçons harassantes de *hula*. Son corps fonctionnait maintenant presque à la perfection. Elle obtint son permis de conduire. Elle avait maintenant résolu le problème numéro un.

Elle s'inscrivit au California State College, à Fullerton, en Californie; on l'admit à l'essai seulement. Son esprit blessé ne réussissait pas à se rappeler ce qu'il lisait dans les livres de classe. Elle le relisait! Et elle le soulignait! Et elle en prenait note! Et elle mémorisait les notes! Pendant cette première période d'études collégiales, elle ne dormit en moyenne que trois heures par nuit et elle n'atteignit qu'une moyenne générale passable. Mais elle refusait d'abandonner. Une année après l'autre, elle accumulait les crédits qui l'amenaient lentement vers le diplôme.

Treize ans après son opération, elle finissait son dernier semestre d'études avec une moyenne élevée! Elle parle maintenant à la perfection. Par une suite d'essais et d'erreurs, elle inventa des techniques lui permettant de corriger son problème d'élocution. Puis elle s'inspira de cette expérience victorieuse pour écrire sa thèse de maîtrise qu'elle intitula *Exercices qui permettront aux parents d'enfants aphasiques de les aider à s'améliorer.*

«Docteur Schuller», me dit Pat en courant vers moi un jour à la fin du culte, «devinez! Je l'ai! Mon diplôme de maîtrise! Et je vais travailler auprès des enfants inadaptés dans les écoles publiques. Et tout ceci, grâce à Dieu. Je le sais. Je l'ai senti me conduire, me pousser, me presser d'aller de l'avant. Dieu peut tout.»

Pat est maintenant psychologue professionnelle.

Les éprouvés peuvent devenir des vainqueurs

Assurez-vous contre la défaite écrasante et le désespoir le plus sombre. Vous y réussirez en vous branchant sur une source infaillible de puissance spirituelle.

Le grand violoniste Paganini jouait un jour devant une audience très distinguée lorsqu'une corde de son violon cassa. Les spectateurs sursautèrent mais le grand maître, imperturbable, continua à jouer sur les trois cordes qui lui restaient. Tout à coup une autre corde cassa. Paganini continua à jouer sans hésitation. Puis, avec un bruit sec, une troisième corde se brisa. L'artiste s'arrêta un court instant, leva son Stradivarius réputé bien haut dans les airs et annonça: «Une corde et Paganini.» Avec un talent extraordinaire et la discipline inégalable d'un artiste insurpassable, il termina le morceau choisi sur une seule corde d'une façon si parfaite que l'audience lui fit une ovation tumultueuse.

Il arrive des moments dans la vie où vos cordes cassent les unes après les autres. La seule fille de Grace Anderson se tua dans un accident d'automobile. Une corde avait cassé. Puis son fils de dix-huit ans succomba à une maladie grave. Une autre corde avait cassé. Enfin, son mari mourut d'une crise cardiaque. Une troisième corde avait cassé.

«J'ai tout perdu, sauf la foi», me dit-elle. Et elle ajouta: «Ma foi me suffit pour continuer à aller de l'avant.» Il lui restait une corde - sa foi en Dieu! Vous aussi, vous pouvez vaincre avec le coeur brisé, si vous êtes animé d'une foi vivante.

J'ai une amie des plus précieuses qui est aussi membre de ma congrégation de télévision; il s'agit de la grande comédienne Doris Day. Il y a quelques années, tout sembla s'écrouler autour d'elle lorsqu'elle perdit son mari. L'homme qu'elle aimait, en qui elle avait placé toute confiance, sur lequel elle s'appuyait, qui lui donnait de la force et de l'affection, n'était plus. Doris l'explique ainsi:

> *Je suis entrée dans ma chambre et me suis mise à pleurer comme une Madeleine, jour après jour. Un jour, mon fils Terry frappa à ma porte. «Entre», sanglotai-je. Il s'est planté devant moi...puis il a parlé. «Combien de temps vas-tu encore pleurer comme ça, Maman? Je pense qu'il serait temps que tu te remettes à travailler. Tu as beaucoup à donner!»*
>
> *À cet instant même, quelque chose s'est déclenché en moi. C'était Dieu. Je savais que c'était lui. Parce qu'un flot de vie nouvelle m'a envahie! Pourquoi devrais-je continuer à pleurer? Après tout, je ne l'avais pas perdu. Maintenant, je le partage avec Dieu. Jésus l'a promis, non?*

Doris s'était rappelé les mots: «Celui qui vit et croit en moi ne mourra jamais.»

«C'est une *promesse*», lui cria-t-elle, le visage brillant, riant à travers ses larmes.

Lorsque Terry referma la porte de la chambre, Doris se leva et décida de s'engager dans une nouvelle carrière extraordinaire à la télévision. «Je ne me présente jamais devant les caméras, dit-elle avec sincérité, sans faire une prière silencieuse! *Sers-toi de moi - sers-toi de moi - sers-toi de moi, Seigneur, pour réjouir un coeur lourd quelque part, ce soir.*»

Affirmations qui fortifient votre foi pour vous donner une force de soutien

Vous aussi, vous pouvez trouver un renouvellement à la suite d'une perte personnelle sérieuse ou d'un choc grave. Faites des affirmations positives qui stimulent les émotions, pour surmonter votre tristesse, votre désespoir et les émotions négatives qui les accompagnent et qui menacent de vous dominer. Pour le gros gibier, il faut des gros fusils. On ne chasse pas l'éléphant avec une fronde. Alors servez-vous de grosses affirmations dans les moments les plus difficiles que la vie vous fait traverser. Faites-le de la façon suivante: Lisez les affirmations suivantes à haute voix; mémorisez les versets bibliques inscrits sous chaque affirmation; répétez ces affirmations et les versets bibliques à haute voix chaque jour et aussi souvent qu'il le faudra. Faites-le jusqu'à ce que vous sentiez et que vous remarquiez que la nuage s'évapore et que le soleil apparaisse.

1. *J'affirme que je ne serai jamais vaincu, parce que je n'abandonnerai jamais.* «Oubliant le chemin parcouru, je vais droit de l'avant.» (Phil. 3:13)

Sur le mur d'un petit hôpital, dans un village européen, j'ai vu cette prière: «Seigneur, une fois que nous avons choisi notre voie, que nous ne nous en écartions jamais. Que lorsque nous tombons, nous puissions nous relever. Que lorsque nous sommes devant une croix, nous puissions voir la couronne au-delà. Amen.»

Pendant deux ans, madame J. Apt, d'Orange, en Californie, avait consulté les médecins pour que l'on découvre la cause de sa maladie. Finalement, un jour, un neurologue a fait le bon diagnostique. «Vous avez la sclérose en plaques, lui dit-il. Il n'y a aucun doute. Les tests sont positifs.»

Ce jour-là, en rentrant du bureau du docteur, cette jeune mère sentait plus que jamais le besoin d'une puissance spirituelle intérieure. En arrivant à la maison, elle alla chercher son courrier et y trouva un grand paquet en forme de tube. Elle l'ouvrit. À l'intérieur, il y avait une grande affiche. Quelques semaines plus tôt, un membre de sa famille avait écrit à notre émission de télévision intitulée *Hour of Power*, demandant une copie du credo de ceux qui pensent Possibilités. Il était arrivé. Les mains tremblantes sous l'effet de sa sclérose, elle déchira l'emballage, déroula l'affiche, et lut tout haut:

Au pied de la montagne,
Je n'abandonnerai pas.
Je lutterai
Jusqu'à ce que
J'aie réussi à la franchir,
Jusqu'à ce que je trouve un chemin,
Un passage souterrain;
Ou je resterai là simplement,
Et je changerai la montagne en une mine d'or!
Avec l'aide de Dieu!

À cet instant, son âme et son corps furent envahis d'une énorme puissance de foi. Depuis cet instant, elle ne s'est jamais senti défaite ni découragée. Elle était convaincue, et elle l'est encore, que Dieu avait décidé que cette affiche arriverait au moment précis où elle en aurait besoin.

Par contraste, voici un homme qui m'a rencontré à la fin d'une conférence pour me dire: «Vous devriez écrire un *Credo de ceux qui pensent Impossibilités*»

«Comment?» demandai-je.

Il me répondit: «Ma femme en a un! Le problème le plus minime la met sens dessus dessous et la déprime.» Il fit une pause et suggéra: «Il lui faudrait un credo qui affirme: *Quand je verrai un grain de sable, je n'hésiterai pas à en faire une montagne et J'ABANDONNERAI. Je ne cesserai pas de disputer, de me plaindre et de pleurer jusqu'à ce que j'obtienne la pitié que je veux ou que j'en aie assez de m'apitoyer sur mon sort.*»

Un père essayait d'encourager son fils abattu en lui disant: «N'abandonne pas, n'abandonne jamais!»

Le garçon lui répondit: «Mais je n'arrive pas à résoudre mes problèmes!»

Son père lui dit: «Souviens-toi d'une chose, mon fils: les gens dont on se souvient sont ceux qui n'ont pas abandonné: Robert Fulton n'a pas abandonné. Thomas Edison n'a jamais abandonné, Eli Whitney n'a jamais abandonné et regarde Isador McPringle.»

Le garçon demanda: «Qui est Isador McPringle?»

«Tu vois, dit son père, tu n'a jamais entendu parler de lui. *Lui, il a abandonné.*»

Dites-vous: «Pourquoi abandonner au moment où les choses vont s'améliorer?» Et elles vont vraiment s'améliorer. Croyez qu'il y a une Force cosmique suprême dans notre univers. Soit qu'elle est intelligente, soit qu'elle ne l'est pas. Soit qu'elle aime, soit qu'elle n'aime pas. Si cette Force cosmique suprême n'est pas intelligente et qu'elle n'aime pas, alors il y a de quoi avoir peur.

Toutes les grandes religions croient que l'homme a été créé à l'image de Dieu et que, tout au fond, l'homme est une créature rationnelle et émotionnelle, intelligente et aimante, une image miniature de Dieu!

Lisez les versets bibliques suivants qui affirment que *Dieu peut* et fortifiez votre foi pour vous y accrocher:

1. «Il est capable de sauver de façon définitive ceux qui par lui s'avancent vers Dieu.» (Héb. 7:25)

2. «Il est capable de venir en aide à ceux qui sont éprouvés.» (Héb. 2:18)

3. «Il est capable de garder mon dépôt jusqu'à ce Jour-là.» (II Tim. 1:12)

4. À Celui qui peut vous garder de la chute...» (Jude 24)

5. «À Celui...est capable de faire...infiniment au-delà de tout ce que nous pouvons demander ou concevoir.» (Eph. 3:20)

Croyons en la puissance illimitée de Dieu!

N'abandonnez jamais puisque, avec un Dieu pareil, vous pouvez vous alimenter de super-puissance spirituelle. Ceci vous donne la base de soutien pour toutes les affirmations qui suivent.

2. *J'affirme que Dieu s'attend à ce que je sois fort et je le suis.* «Ceux qui connaissent Dieu accompliront de grands exploits.»

Jack Dempsey, le champion poids lourd de la boxe, disait: «Pour gagner, vous devez être capable de donner et d'encaisser de gros coups.» L'ancien entraîneur Duffy Daugherty, du Michigan State University, avait la même idée: «Quand je cherche des gagnants, je cherche trois qualités: l'espoir, l'humour et la force.» Knute Rockne, l'entraîneur réputé de Notre Dame, avait un slogan célèbre: «Quand la route se fait tenace, les tenaces vont de l'avant.»

J'ai remarqué que certaines gens se *retiennent*. Ils ne se lancent que lorsqu'ils sont sûrs qu'il n'y a pas de risques. D'autres *abandonnent*; ils se lancent, mais ils abandonnent quand les difficultés s'accumulent. Je préfère ceux qui *avancent,* ceux qui, devant une montagne de problèmes, se donnent tout entiers à l'accomplissement de leur rêve. Comme le dit Isaïe, ils s'envolent comme l'aigle. Ils courent et ne se fatiguent jamais.

Préparez-vous à endosser un fardeau et à partir avec, sous les applaudissements et les félicitations de ceux *qui n'auraient jamais pensé que vous y arriveriez.*

Dans les livres d'histoire, on l'appelle Lord Shaftsbury. À son époque, on le connaissait surtout sous le nom de Lord Ashley. Né en Angleterre en 1801, il grandit dans les cercles de l'aristocratie et se mêla à ses parents et amis qui faisaient tous partie des classes les plus élevées et parmi lesquelles figuraient des propriétaires de manufactures.

Sa renommée prit naissance un jour où quelqu'un frappa à sa porte. C'était un pasteur chrétien, le Révérend G.S. Bull, qui venait demander à Ashley de faire quelque chose pour les travailleurs opprimés. Sa première impulsion fut d'éclater de rire. L'ouvrier n'avait jamais été son plus grand ami.

«Mais j'aime Dieu et j'aime tous les hommes, par conséquent je dois écouter», pensa-t-il. Ce qu'il vit fut un choc, pour lui comme pour toute l'Angleterre. On vendait des orphelins de neuf ans comme de vrais esclaves dans les usines textiles, les forçant à travailler treize heures par jour. Son enquête le rendit littérallement malade.

Il en discuta avec sa femme, Min, lui demandant s'il pourrait pousser le gouvernement à émettre des lois pour contrôler ces conditions de travail. «Nous allons offenser certains de nos amis propriétaires d'usines et de mines. Nous allons vivre l'angoisse, devoir travailler dur et nous mêler à des gens vulgaires et déplaisants.»

Lady Ashley répondit: «Sir, c'est notre devoir envers Jésus-Christ. Ne pensez pas aux conséquences. Allez de l'avant et n'abandonnez jamais.»

Un an plus tard, on passait le Factory Act de 1833, qui interdisait aux usines d'employer des enfants de moins de neuf ans. Les propriétaires d'usines se montrèrent hostiles, pensant que le gouvernement leur volait la liberté de gérer leur usine. Quand ses amis essayèrent de convaincre Lord Shaftsbury d'abandonner, il refusa obstinément. Sous ses pressions incessantes et implacables, on établit une Commission Royale d'Enquête, chargée de faire ce qui n'avait jamais été fait auparavant: le gouvernement fédéral fut investi du pouvoir de s'introduire dans les mines, usines souterraines et d'enquêter sur ce qui s'y passait.

Le Parlement anglais fut atterré en entendant le Rapport Royal. Des enfants de sept ans, quelquefois même de cinq et six ans, travaillaient douze heures par jour dans des mines de charbon, à côté de jeunes filles et de femmes pratiquement nues et d'hommes complètement dévêtus. Cette situation semblait parfaitement naturelle et se répétait dans toutes les mines. Les propriétaires des mines admirent qu'ils s'étaient laissé aller à ces pratiques et Shaftsbury incita le gouvernement à instituer des lois interdisant l'emploi de femmes et d'enfants de moins de dix ans dans les mines. Puis il fonda des écoles que l'on appela «Ragged Schools», dans lesquelles les enfants pauvres des bas-quartiers de Londres pouvaient vivre, étudier et être aimés. Dieu avait formé un plan pour sa vie.

Dieu a également un plan pour votre vie. Tout ce qui vous arrive maintenant en fait déjà partie. Alors, montrez-vous fort. Armez-vous. Fortifiez-vous. Et affrontez vos problèmes avec la force que Dieu va vous donner.

3. *J'affirme que Dieu a préparé une armée de gens pour m'aider, à l'instant précis où j'en aurai besoin, des gens que je ne connais même pas viendront m'offrir exactement le soutien qu'il me faudra!* «Ne nous lassons pas de faire le bien; en son temps viendra la récolte, si nous ne nous relâchons pas.» (Gal. 6:9)

J'ai été ébahi de voir les milliers et les milliers de gens aux talents, arts, dons, attentions et contacts extraordinairement variés que Dieu a placés dans ma vie pour m'aider à fonder la grande église dont je rêvais. Il me semble souvent que je n'ai rien fait d'autre qu'ouvrir mon esprit au rêve de Dieu et de laisser ma bouche verbaliser ce rêve. Dieu est allé recruter les gens qui l'ont accompli. Dieu a préparé quelqu'un pour chaque tâche et pour chaque besoin.

Le 31 octobre 1942, au coeur de la Deuxième Guerre mondiale, Sir Winston Churchill s'adressa à un groupe de mineurs sales, couverts de charbon, issus des classes les plus basses et sans distinction aucune:

> *Un jour, lorsque vos enfants vous demanderont: «Qu'avez-vous fait pour nous assurer un si bel héritage et pour faire respecter notre nom par tous les hommes?», l'un dira: «J'ai été pilote de chasse»; un autre dira: «J'ai servi dans un sous-marin»; un troisième dira: «Vous n'auriez pas pu vivre sans les convois et les matelots de la marine marchande»; et vous, à votre tour, vous répondrez tout aussi fièrement: «Nous extrayions le charbon.»*

Oui - ils extraient le charbon qui alimente les bateaux qui transportent les troupes qui vont gagner la guerre!

Alors ouvrez l'oeil et regardez les visages des gens qui vous entourent. Ouvrez vos oreilles et écoutez ce qu'ils disent. Aujourd'hui, demain, la semaine prochaine, vous rencontrerez quelqu'un qui sera justement la personne dont vous aurez besoin! La bonne personne viendra à la bonne place juste au bon moment. Vous serez tout étonné de la façon dont vous la rencontrerez. Vous saurez alors que Dieu avait tout organisé!

4. *J'affirme que Dieu est le plus fort des forts.* «Voici que je t'établis comme...une colonne de fer.» (Jér. 1:18)

Un jour, un jeune homme eut une idée géniale. Il sentait que Dieu l'appelait à devenir un grand chef parmi les hommes. Son coeur se remplissait d'exaltation lorsqu'il rêvait de ses grandes ambitions. Puis il fut envahi par le découragement et il cria à Dieu ces mots négatifs: «Seigneur, je ne suis qu'un enfant.» Il savait qu'il devrait affronter l'opposition terrible des gens qui dominaient sur son pays. Des hommes aussi puissants que des rois et des prêtres allaient s'opposer à lui et chercher à le détruire. En pensant à ces obstacles, il se sentait aussi faible qu'un rameau cassé, qu'un roseau mince tremblant sous les bourrasques de la tempête. Dieu dit à ce jeune homme qui était sur le point de tout abandonner: «Jérémie! Ne tremble pas, car je ferai de toi une colonne de fer.»

Dieu transforme les faibles en individus forts comme le fer. Le duc de Wellington en était un. On finit par le surnommer *Iron Duke,* le Duc de Fer. Il a su être l'homme de Dieu à l'heure ou Dieu a eu besoin de lui dans l'Histore. Car Dieu est plus fort que le plus fort.

Demandez à ceux qui étudient l'Histoire européenne: «Qui fut l'homme le plus fort du dix-neuvième siècle?» Bon nombre d'entre eux penseront à Napoléon Bonaparte.

Lorsque la révolution française éclata en 1789, les Britanniques furent très contents. Six ans plus tard, un jeune général de l'artillerie du nom de Napoléon Bonaparte prit les rennes de la nation qui était en plein chaos. Le 18 mai 1804, le pape se rendit de Rome à l'église Notre-Dame pour couronner Napoléon, empereur de France.

Lorsque l'armée française écrasa les armées alliées de l'Autriche et de la Russie à Austerlitz, le 2 décembre 1805, William Pitt, le fameux premier ministre d'Angleterre, prédit des années sanglantes. Voyant l'Autriche et la Russie défaites, Pitt dit en indiquant la carte d'Europe pendue au mur: «Roulez-moi cette carte, nous n'en aurons pas besoin ces dix prochaines années.»

En 1813, le sort s'était retourné contre l'empereur français. Écrasé à Leipzig, il fut exilé à l'île d'Elbe; mais cet exil ne dura pas longtemps. Deux ans plus tard, soit le 1er mai 1815, Napoléon s'embarquait pour la côte française avec onze cents hommes et commençait à reconquérir la France. Dix-huit jours plus tard, il était à nouveau empereur de France, au seuil de son règne de cent jours. Il savait que pour reprendre entièrement le pouvoir, il devait vaincre au plus vite les Pays-Bas, puis l'Autriche. Le duc de Wellington, commandant des troupes britanniques, fut chargé de tenter d'arrêter le petit Corse avide de pouvoir.

À l'aube du dimanche 18 juin 1815, les forces de Napoléon rencontrèrent celles de Wellington en Belgique, près d'une petite ville du nom de Waterloo. Il pleuvait. Les champs étaient détrempés et boueux. Le premier coup partit à onze heures. À trois heures de l'après-midi, Napoléon lança sa cavalerie à l'assaut du flanc droit de l'armée anglaise.

«L'infanterie britannique est imbattable», fit remarquer un historien, «quand elle est bien commandée.» (Tout comme un simple chrétien commandé par le Christ est imbattable.)

Au plus fort du combat, Wellington se lançait au milieu de ses troupes. Lorsqu'une section essentielle de ses lignes semblaient faiblir, notre colonne de fer chevauchait jusque là et disait: «Tenez bon, les gars, qu'est-ce qu'ils diraient de nous en Angleterre?»

Lorsque ses officiers implorèrent la permission de battre en retraite, le *Duc de Fer* répondit froidement et fermement: «J'ai décidé tout simplement de rester en place jusqu'à ce que tous les hommes soient tombés.»

Il avait une attitude victorieuse, décidée. Ils ont tenu bon. Et ce beau soir d'été, à sept heures, quand la vieille Garde de Napoléon les prit d'assaut, le duc lança ses hommes à l'attaque. Les généraux français n'en croyaient pas leurs yeux de voir leur armée écrasée à jamais! L'homme que Dieu avait transformé en une colonne de fer a précipité Napoléon à sa fin!

Essayez donc de faire cette prière: «Seigneur, fais de moi une colonne de fer. Tu le feras. Tu le fais. Je le sens. Tu es en moi. Je suis fort. Merci, Seigneur. Amen.»

5. *J'affirme que Dieu transformera les pires moments de ma vie pour en faire les plus beaux moments. «Soyez des* hommes, soyez forts.» (I Cor. 16:13)

Dans la version grecque, l'apôtre utilise le mot *Andrizomai,* qui signifie *cessez d'agir comme des bébés et commencez à agir en hommes.* Les mauvais moments de votre vie deviendront les plus beaux lorsque les difficultés feront ressurgir toutes vos qualités.

Au cours de la Deuxième Guerre mondiale, Churchill fut l'un des chefs du vingtième siècle les plus inspirateurs et courageux. Hitler avait pris d'assaut toute l'Europe occidentale. La France était tombée et toute l'Europe de l'Ouest ainsi que la Tchécoslovaquie, la Pologne, la Norvège, le

Danemark, la Hollande et la Belgique étaient sous sa domination. L'Amérique ne s'était pas encore impliquée. Le monde attendait le prochain acte insensé d'Hitler. C'est alors que les radios du monde entier purent entendre le discours historique que Churchill fit à la Chambre des Communes, le 13 mai 1940.

«Vous me demandez: *Quel est notre objectif?* Je peux vous répondre en un seul mot: *la victoire*. La victoire à tout prix, la victoire malgré toute terreur, la victoire, aussi long et dur que soit le chemin qui y mène; car si nous ne gagnons pas, nous ne survivrons pas. Tout ce que je peux vous offrir, c'est du sang, de la difficulté, de la sueur et des larmes.»

Deux semaines plus tard, Churchill prononça les paroles inspirantes qui allaient consolider sa nation en une colonne de fer:

> *Même si de grandes régions de l'Europe et de nombreux états anciens et réputés sont tombés ou risquent de tomber entre les griffes de la Gestapo, nous ne faillirons pas et ne nous rendrons pas. Nous irons jusqu'au bout. Nous nous battrons sur les mers et sur les océans, nous nous battrons dans les airs avec une confiance et une force toujours grandissantes, nous défendrons notre île quoi qu'il nous en coûte. Nous nous battrons sur les plages, nous nous battrons sur les terres, nous nous battrons dans les champs et dans les rues, nous nous battrons sur les places publiques. Nous ne nous rendrons jamais.*

Deux semaines plus tard, Churchill s'adressa à nouveau aux membres de la Chambre des Communes pour leur dire: «Par conséquent, fortifions-nous, attachons-nous à notre devoir, conduisons-nous de façon à ce que, si l'Empire britannique et son Commonwealth durent mille ans, on dira encore de nous: *Ce fut leur plus belle heure.*»

Vous aussi pouvez transformer vos pires moments pour en faire les plus belles heures de votre vie. Les problèmes rapprochent toujours les gens de Dieu, ou alors ils les en éloignent. Faites le bon choix et vous transformerez vos tragédies en triomphes.

6. *J'affirme que je ne tomberai jamais loin de l'amour de Dieu.* La Bible nous enseigne: «Supportez donc les épreuves comme de bons soldats de Jésus-Christ.»

Un couple de mes amis du Midwest avait deux fils, de deux ans de différence. Je me souviens très bien de ce triste matin d'été, il y a des années. Les enfants s'amusaient sur le lac, lorsque le radeau qu'ils s'étaient confectionné se brisa; le plus jeune des fils se noya. La famille se releva courageusement de cette tragédie. «La vie continue; nous devons continuer aussi», dirent-ils. Mais deux ans plus tard, l'autre fils fut tué, coincé sous un tracteur qui s'était renversé dans les champs. Quelques mois plus tard, les parents vinrent à notre église.

«Où avez-vous trouvé la force d'aller de l'avant?» leur demandai-je. La mère répondit courageusement: «Un inconnu, qui avait entendu parler de notre tragédie, nous écrivit une lettre avec une affirmation toute simple. Il nous disait: *Dieu vous aime toujours.* Je me le suis répété maintes fois et j'y crois. Et ça me suffit.» Ses yeux brillaient. Son mari sourit à travers un regard vitreux. Nous avons prié tous les trois en nous tenant les mains. Je les ai regardé partir, admirant leur grande âme confiante: des gens solides comme des colonnes de fer!

7. *J'affirme que si je me dédie entièrement, je gagnerai éventuellement.* «Sois fidèle jusqu'à la mort, et je (Dieu) te donnerai la couronne de vie... Au vainqueur, je donnerai la manne.» (Ap. 2:10,17)

La personne *exigeante* rencontre de la résistance.

La personne *vaincue* se heurte à l'indifférence.

La personne *dévouée* reçoit de l'aide!

Les gens accourent vers elle, d'abord pour voir, puis pour s'intéresser et enfin pour l'aider!

Fritz Kreisler, violoniste de réputation mondiale, se fit accoster dans les coulisses par une admiratrice enthousiaste qui lui cria: «Monsieur Kreisler, je donnerais ma vie pour jouer comme vous! «Madame, lui répondit-il calmement, c'est ce que j'ai fait.»

Un mois seulement après avoir promis au peuple anglais que *sa plus belle heure approchait*, Churchill déclara, le 14 juillet 1940:

> *Nous nous trouvons maintenant sur le point d'affronter le pire de ce que peut faire la force et l'hostilité du tyran... Nous sommes seuls dans la lutte...mais nous ne luttons pas pour nous seuls... Nous attendons sans crainte l'assaut qui nous menace. Peut-être frappera-t-il la semaine prochaine! Peut-être ne se produira-t-il jamais! Nous devons nous montrer également capables d'affronter un choc violent et soudain ou, ce qui sera peut-être une épreuve plus dure encore, une longue attente.*

Plus tard, alors que son île était secouée jour et nuit par les bombes ennemies et que quelques chefs effrayés complotaient l'évacuation de l'île, il répondit: «On ne gagne pas une guerre par évacuation.»

On ne pourrait pas mieux décrire Churchill qu'en ces mots: «N'abandonnez jamais! N'abandonnez jamais! N'abandonnez jamais, jamais, jamais, jamais - pour les grandes choses comme pour les petites, importantes ou minimes, n'abandonnez jamais, sauf lorsque votre bonheur ou votre bon sens est en jeu!»

La Bible nous donne une leçon des plus claires: Dieu ne permettra pas à ses hommes, forts comme des colonnes de fer, d'être défaits.

La bataille que Churchill prévoyait commença vers le 6 août. Elle dura jusqu'en septembre. L'île fut bombardée jour et nuit. Hitler avait posté des milliers de soldats le long de la côte, prêts à envahir l'île aussitôt que les forces aériennes britanniques seraient vaincues. (Hitler avait minutieusement planifié de déporter tous les Anglais de sexe masculin âgés de dix-sept à quarante-cinq ans pour repeupler l'île d'Allemands et par conséquent changer cette nation pour toujours!)

Nous savons maintenant que le dimanche matin 15 septembre, le cours du combat changea radicalement, par la main de Dieu. Dans le quartier général souterrain du Groupe de Chasseurs Numéro Onze, à Uxbridge, Middlesex, les lumières clignotaient à l'énorme tableau accroché au mur pendant que, sur de grandes tables, les travailleurs, murmurant doucement, déplaçaient les modèles des avions britanniques et des adversaires allemands maintenant engagés dans le combat final, bien au-dessus de leur forteresse souterraine. Une demi-heure s'écoula; les avions britanniques allaient devoir atterrir pour se ravitailler au bout de quatre-vingt-dix minutes de vol.

Churchill se trouvait maintenant dans les blockhaus. Il se tourna vers Park, le vice-maréchal des forces de l'air: «Les avions vont bientôt tous revenir à terre pour se ravitailler, il faut envoyer des escadrilles de réserve sinon la Luftwaffe va détruire toute notre force aérienne pendant que nos avions seront posés au sol comme des canards, pour refaire le plein.» Se tournant alors vers le commandant des forces aériennes, le premier ministre demanda: «Combien de réserves avons-nous?»

«Aucune», reçut-il en réponse.

Et soudainement - était-ce la main de Dieu?... les disques se déplacèrent sur les tables de stratégie, indiquant que tous les avions allemands viraient vers l'Est; apparemment, ils profitaient eux aussi de l'accalmie du combat pour ravitailler leurs avions. Ils auraient pu se lancer à l'attaque et détruire toute la RAF qui se trouvait sur terre et l'invasion aurait ainsi pu commencer!

Dieu connaît vos possibilités. N'abandonnez jamais! Ne renoncez jamais! Le vent tournera. Un miracle se produira. Une situation n'est jamais sans espoir, à moins que vous ne vous désespériez! Comment entretenir l'espoir? En se remplissant de la puissance illimitée de la prière.

11

Prière +
Pensée des Possibilités
= Succès

Dans la comédie musicale *1776,* George Washington pose trois questions profondes: «Y a-t-il quelqu'un?», «Y a-t-il quelqu'un qui écoute?», «Y a-t-il quelqu'un qui se soucie?»

Vous aussi pouvez poser ces trois questions lorsque vous vous sentez déçu et frustré. Soyez assuré que la réponse à ces trois questions est un oui sans réserve. Dieu est là, Dieu écoute, Dieu se soucie de vous et de vos rêves.

Le peuple américain se souviendra longtemps du moment, en 1970, où les astronautes d'Apollo 13 faillirent perdre la vie. Au début, le projet se déroula d'une façon régulière. La fusée décolla parfaitement. Tout allait bien lorsqu'à 310 000 km de la terre, la fusée envoya un message à la station de contrôle: «Nous avons un problème par ici.»

À ces mots, les gens du monde entier qui regardaient la télévision s'avancèrent au bord de leurs chaises et sans honte se mirent à prier pour ces jeunes gens courageux. Des millions de gens qui ordinairement auraient été trop raffinés pour admettre qu'il leur arrivait de prier, firent appel à Dieu librement et ouvertement. Une explosion dans les réserves de carburant avait mis la vie des astronautes en péril et avait rendu impossible tout atterrissage sur la lune. Ils ont dû ramener la fusée sur la terre en employant les systèmes d'urgence.

Lorsque James A. Lowell, Fred W. Haise et John L. Swigert amerrirent finalement sains et saufs dans le Pacifique, ils furent transportés par hélicoptère jusqu'au porte-avions où le monde entier pu les voir apparaître sur le pont. Un aumônier s'avança. Pendant la prière, les trois jeunes astronautes téméraires joignirent les mains et inclinèrent la tête. Le magazine *Time* choisit pour sa couverture, la scène des trois astronautes, têtes baissées, les mains jointes, remerciant Dieu d'avoir permis leur retour sur terre. Le président des États-Unis décréta un dimanche spécial de prières et d'actions de grâce.

Au moment où la catastrophe était imminente, les experts du centre de contrôle de Houston, qui essayaient d'imaginer un moyen de faire rentrer les trois hommes, devaient établir un plan simulé de correction, de rentrée et de retour sur terre. Afin d'effectuer un tel plan, ils devaient avoir la position précise d'Apollo 13 à ce moment. Pour déterminer la position exacte d'Apollo 13 dans l'espace, ils ne dépendirent pas de leur équipement électronique des plus complexes. Au contraire, ils demandèrent aux astronautes de regarder par la fenêtre, de repérer une étoile et de faire le point. En fin de compte, lorsque les choses allaient au plus mal, le centre aérospatial de Houston se fia aux étoiles immuables du ciel.

Vous vous souvenez certainement de la réponse que *Fuel nose* Swigert donna au cours de la conférence de presse qui suivit l'arrimage:

«Vous demandez si nous avons prié, je peux certainement dire que nous l'avons fait! Nous pensons que les prières des gens du monde entier nous ont aidés à revenir.»

Le champion poids lourd de la boxe Joe Frazier est un de ceux qui *Pensent Possibilités* et qui a réussi par son enthousiasme, par sa foi, par son acharnement et par la prière. Frazier est un chrétien consacré et dévot qui lit sa Bible tous les soirs et qui va à l'église régulièrement. Il attribue son succès de boxeur à sa foi en Dieu. Tout jeune, Frazier rêvait de devenir un boxeur. Il était inspiré par Archie Moore, l'un des plus grands lutteurs et l'un des hommes les plus éminents de notre époque. Archie Moore avait créé le programme *ABC, Any Boy Can.* Joe Frazier s'inspirait de ce programme, mais il n'avait pas d'argent et avait besoin d'un *punching bag* pour la pratique. Joe Frazier prit un vieux sac et le remplit de sable et de chiffons et il obtint ainsi son *punching bag.*

Frazier croit fermement que pour réussir dans sa profession, il faut être prêt à faire son chemin, mois après mois, année après année, obstacle après obstacle. Frazier avoue que plusieurs fois, il fut tenté de s'arrêter au milieu de sa course quotidienne de 12 km. Il pensait que personne ne s'en apercerait. «Le problème» avoua-t-il, «est que je ne serais pas honnête avec moi-même et je suis la dernière personne que je voudrais décevoir. Donc, je cours les six autres kilomètres.

Joe dit aussi: «La prière est aussi importante que l'ardeur au travail.» Il pria beaucoup ce soir-là à Tokyo lorsqu'il représentait les États-Unis aux jeux olympiques de 1964. Il gagna match sur match. Pendant la demi-finale qu'il gagna, il se cassa le pouce de la main gauche. Il comptait sur son crochet gauche foudroyant. Mais maintenant, comment gagnerait-il la finale?

Dans la soirée où il gagna la demi-finale, Frazier rentra à sa chambre d'hôtel, ferma la porte, remplit un bol d'eau chaude et commença à tremper sa main gauche. Son pouce gros et enflé était atrocement douloureux. Il se dit: «Cette main est ma force et mon pouce est cassé. Je suis fini. C'est terrible. Je suis le seul athlète américain qui ait des chances de gagner une médaille d'or et je suis blessé.» Alors il repensa à son enfance. Il se souvint de son père qui n'avait pas de bras gauche; c'était merveilleux de voir tout ce que son père pouvait faire avec un seul bras. «Si mon père était capable de subvenir aux besoins d'une femme et de treize enfants», pensa-t-il «pourquoi m'inquiéterais-je d'un pouce cassé?» Il pria et il crut!

Le jour suivant, lorsqu'il entra dans le ring pour la finale contre Hans Huber qui était le favori, Frazier laissa sa main gauche pendre le long de son corps. Il avait une position inhabituelle. Heureusement, personne ne soupçonnait la vérité. Plus tôt, Hans Huber avait été averti par ses entraîneurs de se méfier du crochet gauche de Frazier. Hans remarqua la main gauche de Frazier pendant à son côté, il remarqua l'étrange jeu de pieds, mais il se souvint des avertissements de ses entraîneurs et se méfia sagement de cette main.

Huber boxa si prudemment que lorsqu'on compta les voix des juges, le champion fut Joe Frazier, trois à deux. Les journalistes sportifs se demandent encore quelle aurait été l'issue du combat si Huber avait été averti du pouce cassé de Frazier.

Aujourd'hui, plusieurs milliers de cerveaux des plus intelligents, des plus cultivés et scientifiques croient en la prière, pratiquent la prière et savent qu'elle est efficace. Parmi le demi-million de lettres que je reçois de toutes les parties du pays des téléspectateurs de mon émission *Hour of Power,* des dizaines de milliers témoignent que la puissance de Dieu agit réellement dans leur vie lorsqu'ils méditent, qu'ils prient et s'allient d'une façon positive à cette puissance cosmique intelligente et aimante que nous appelons Dieu. En voici un exemple:

Je suis une petite femme de race noire mesurant à peine un mètre cinquante, pesant quarante-quatre kilos. Mais je me sens comme une forteresse invincible qui a passé au travers de terribles tempêtes.

J'a vu de mes propres yeux celui qui est maintenant mon ex-mari déshonorer la couche nuptiale dans notre foyer. Je fus attaquée physiquement parce que je refusais de faire cesser les procédures de divorce après sept ans de mariage et dix-huit autres femmes. Je pleurais beaucoup la nuit lorsque mes enfants demandaient: «Où est papa?» Je travaillais à quatre endroits différents cette année-là car je ne recevais aucune pension alimentaire. Et en plus de mes problèmes personnels, je suis professeur dans un prétendu ghetto où je vois chez mes étudiants la pauvreté et un manque de confiance en eux. Et puisque je me soucie de ces beaux enfants (qui ne savent pas à quel point ils sont beaux), je ramène leurs problèmes avec moi à la maison.

Mais la belle victoire de tout ça, c'est que grâce à Dieu, j'ai hérité de la vérité, de l'amour, de la vie et du savoir, l'unique cadeau que mon père m'avait donné et j'allais de l'avant.

Dieu ne m'a jamais délaissée. Je marche la tête levée vers le ciel et je parle à Dieu vingt-quatre heures par jour. Quel que soit mon problème, Dieu me permet de sourire et de donner de moi-même aux plus pauvres que moi. Croyez-moi, Révérend Schuller, aucun maquillage ne peut recréer un visage rayonnant de la lumière du Christ qui est éternellement aussi belle. Mon affirmation quotidienne est: «Que la lumière de Dieu rayonne autour de moi afin que les autres puissent voir à travers les ténèbres. Que la paix du Christ imprègne tout mon être afin que les autres puissent ressentir au plus profond d'eux-mêmes les vibrations de son oeuvre.» Dans mes moments les plus obscurs, je prie aussi Dieu de m'envoyer quelqu'un qui ait besoin d'aide. Car on atteint la vraie paix intérieure en donnant de soi-même.

L'un des plus surprenants énoncés jamais fait par un professeur de religion nous vient de Jésus-Christ: «Tout ce que vous demanderez dans une prière pleine de foi, vous l'obtiendrez.» (Mat 21:22). Cela signifie-t-il que Dieu donnera à quelqu'un tout ce qu'il demande? Bien sûr que non. Bien souvent nous n'avons pas la sagesse de reconnaître ce qui nous convient le mieux.

Dans un petit village d'Allemagne, j'ai entendu cette légende: «Il y a quelques années, nous obtenions de très pauvres récoltes. Alors les villageois se mirent à prier: *Mon Dieu, pour cette année, promets-nous de nous donner ce que nous te demandons.»* Selon cette légende, Dieu fut d'accord. Lorsque les villageois demandaient de la pluie, il pleuvait. Lorsqu'ils demandaient du soleil, il faisait beau. Jamais le maïs n'avait été si grand, ni le blé si fort que cette saison-là. Comme le temps des récoltes approchait, la joie se transforma en tristesse lorsque les fermiers virent à leur grande stupéfaction et à leur grand bouleversement que les tiges de maïs ne contenaient pas de maïs, que les épis de blé ne produisaient aucun grain et que les arbres fruitiers ne portaient aucun fruit. «*Oh! mon Dieu*» prièrent les bonnes gens, «*Tu nous a délaissés*.» Et Dieu répondit: «Pas du tout, mes enfants. Je vous ai donné tout ce que vous m'avez demandé.»

«Mais pourquoi, Dieu, s'écrièrent-ils, n'avons-nous pas de fruits, ni de céréales, ni de blé?»

«Parce que, répondit Dieu, vous n'avez pas demandé le vent froid du Nord.» Sans les vents, bien sûr, aucune fécondation ne pouvait se faire.

Le plan de Dieu

Jésus n'a pas dit que Dieu répondait à toutes les prières suppliantes, infantiles, pitoyables. Jésus a bien dit que Dieu répondait à toutes les prières. Les gens prient souvent pour obtenir uniquement des choses matérialistes et égoïstes. Lorsqu'ils ne reçoivent pas de réponses miraculeuses aux requêtes qu'ils font à une divinité, ils disent, douteux et cyniques: «Voyez, la prière ça ne marche pas!» Ils l'appellent prière, mais Dieu ne l'a pas nommée prière.

> La prière n'est ni une lamentation
> ni une machination

La prière n'est pas une machination par laquelle nous pouvons manipuler Dieu dans nos vies, c'est plutôt un exercice spirituel par lequel nous nous élevons vers Dieu jusqu'à ce que nous soyons part entière de *son* plan et de *son* dessein. Lorsque nous sommes en harmonie totale avec le plan et le dessein universel de Dieu, alors nous sommes en paix. Lorsque nous sommes en désaccord avec Dieu et avec *son* plan et *son* dessein universel, nous ressentons des frustrations, des tensions et des conflits intérieurs. La vraie prière est l'exercice spirituel d'agencer vos rêves et vos désirs harmonieusement avec le plan de Dieu. La déclaration anonyme qui suit est affichée au tableau du centre de consultation de Garden Grove Community Church:

«Dieu a pour moi un plan. Il est caché en moi comme le chêne est caché à l'intérieur du gland ou la rose à l'intérieur du bourgeon. Je crois que tout ce qui m'arrive dans la vie est nécessaire à ma croissance. Quand je me donne plus intensément à ce plan tracé par Dieu, il s'affirme plus parfaitement à travers moi. Je suis capable de dire quand je suis en accord avec ce plan, car alors mon esprit et mon coeur sont emplis d'une paix profonde. Cette paix me remplit de sécurité, de joie et du désir d'accomplir les choses qui font partie du plan ou alors je me sens envahi d'une patience et d'un calme tout neufs qui permettent aux autres de me dévoiler ce plan.»

«Ce plan est une partie précise d'un plan plus vaste. Il est destiné non seulement à mon bien mais aussi au bien de tous. C'est un plan à multiples facettes et il touche tous les gens que je rencontre et tous les événements de ma vie; j'accepte donc tous les gens et tous les événements qui se présentent dans ma vie comme des instruments de la réalisation du plan de Dieu pour moi.»

«Dieu a choisi ceux qu'*il* veut que je connaisse, que j'aime et que je serve et nous sommes continuellement attirés les uns vers les autres. Je prie afin de devenir un meilleur instrument pour donner et recevoir amour et service, afin que tous ensemble nous puissions exprimer plus parfaitement le plan de Dieu dans nos vies.»

«Je ne demande au Père que les choses qui m'appartiennent. Je sais que ma bonne volonté me viendra au bon moment et de la bonne façon. Cette certitude intérieure libère mon esprit et mon coeur de toute peur, jalousie, colère et rancoeur. Elle me donne le courage et la foi de faire les choses que je sens être ma tâche. Lorsque je suis en accord avec le plan de Dieu, je suis libre de cupidité, de passion, de pensées et d'actions impures. Je ne regarde plus les autres avec envie et je ne me compare plus à eux. Alors, je ne m'éloigne pas de Dieu, le donneur de toutes bonnes choses.»

«Les dons que Dieu me réserve sont nombreux, plus grands que ce que je reçois maintenant. Je le prie de développer autant ma capacité de recevoir que ma capacité de donner. Car je peux donner seulement comme je reçois et recevoir comme je donne. Les dons de Dieu apportent toujours la paix, l'harmonie et la joie. Ainsi, tout ce qui m'emplit de paix et d'harmonie et ne blesse pas les autres est un don de Dieu et m'appartient. Je crois que tout travail auquel je me sens appelé m'appartient. Lorsque je suis en accord avec ce qui est mien, toutes les choses concourent au bien de tous.»

«Je crois que lorsque je ne peux pas accomplir les choses que je désire faire, c'est que Dieu a fermé une porte dans le but d'en ouvrir une autre meilleure et plus grande. Si je ne vois pas tout de suite cette porte, c'est parce que je n'ai pas vu, écouté ou obéi aux conseils de Dieu. C'est alors que Dieu se sert des problèmes ou des échecs apparents pour m'aider à me regarder en face et à trouver l'inspiration et la force de voir la bonne porte.»

«L'objectif principal de ma vie est de trouver Dieu au fond de mon esprit et de mon coeur et d'aider mon prochain. *Son* amour, *sa* lumière et *sa* vie s'exprimeront plus parfaitement à travers moi pour autant que je reste en contact avec le Père. Je prie pour être toujours guidé par *son* conseil infaillible. Je remercie mon Père céleste de toute expérience qui m'aide à me soumettre à *sa* volonté et qui me rapproche de *lui*. Car c'est seulement en me perdant dans la conscience de *sa* présence grandiose que *son* plan pour ma vie peut être accompli.»

Alors quelle est la vraie prière?

La vraie prière, c'est découvrir l'harmonie intérieure de l'esprit qui résulte quand vous adoptez la ligne de pensée que Dieu a pour votre vie. Par exemple, vous êtes dans un bateau.

Vous approchez de la rive. Vous jetez l'ancre et la laissez descendre jusqu'à ce qu'elle laboure le sable. Vous tirez la corde jusqu'à ce que le bateau glisse sur les rives sablonneuses. Qu'avez-vous fait? Vous n'avez pas amené la rive au bateau. Vous avez amené le bateau à la rive.

Le but final de la prière n'est pas de vous apporter ce que vous demandez, à l'instant où vous le demandez, mais de vous faire devenir la personne que Dieu voulait que vous soyez lorsqu'*il* vous a mis sur la planète Terre.

Comment Dieu répond-il à la prière?

Quelqu'un a dit que Dieu répond à toutes les prières en ces mots: «Je t'aime». Parce qu'*il* vous aime, *il* répond à chaque prière d'une de ces quatre manières:

1. *Lorsque les conditions ne sont pas justes, Dieu répond «Non».*

En fait, même à ce moment-là, il vous donne ce que vous désirez vraiment car ce que vous désirez vraiment, c'est votre bien. Ce que vous désirez vraiment est d'être la meilleure personne que vous puissiez être. Si Dieu dit non à votre prière, c'est qu'*il* a une autre façon de vous rendre meilleur. Vous pouvez être sûr que Dieu a un rêve pour vous et un plan pour le réaliser.

La publication de l'Association Évangélique de Billy Graham, *Decision,* a déjà salué les plus grandes églises du monde dont la Peoples Church à Toronto, Canada. Cette dernière est renommée mondialement comme celle qui envoie le plus de missionnaires à travers le monde. L'histoire de la réussite de la Peoples Church illustre bien la façon dont Dieu répond à la prière.

Vers 1920, un jeune pasteur du nom d'Oswald Smith désirait plus que tout devenir missionnaire à l'étranger. Il pria: «Seigneur, je désire devenir missionnaire, je t'en prie, ouvre-moi une porte.»

C'était une vraie prière. Il ne mendiait pas, il ne se montrait pas égoïste, c'était une prière par laquelle une âme humaine cherchait à devenir la personne que Dieu désirait qu'elle soit. Le docteur Smith se présenta devant le conseil chargé d'examiner les futurs missionnaires à l'étranger et il fut refusé. Il n'avait pas les compétences requises.

Malgré tous ses efforts, les portes des ministères à l'étranger se fermaient toutes. Il se demanda entre autres si la prière servait vraiment à quelque chose. Voilà qu'il offrait sa vie à Dieu et Dieu lui répondait «non». Mais tout d'un coup, il eut une idée brillante. «Puisque je ne peux pas y aller, je vais édifier une église pour envoyer les autres à l'étranger.» Et c'est ce qu'il fit. Aucun pasteur n'a jamais fondé une église qui ait accompli le quart de ce que l'église Peoples Church d'Oswald Smith a accompli. En regardant en arrière, on voit que Dieu a répondu magnifiquement à la prière du docteur Smith, même après avoir refusé sa requête initiale. Dieu a dit non parce que Dieu avait une meilleure idée, une idée plus grandiose.

L'une des réponses de Dieu à la prière est NON lorsqu'on ne lui présente pas la meilleure idée; NON lorsque l'idée est complètement fausse; et NON quand, même si elle vous était utile, elle causerait des problèmes à quelqu'un d'autre. Lorsque les conditions ne sont pas idéales, Dieu dit NON et

2. *Quand ce n'est pas le bon moment, Dieu dit «lentement.»*

Vous ne trouverez nulle part dans la Bible un verset assurant que Dieu fera tout de suite tout ce que vous *lui* demanderez. Dieu n'offre pas un service instantané de réponse aux prières.

Dieu se réserve le contrôle des domaines du *pourquoi* et du *quand*. Si Dieu répond non à une prière très sincère et que vous *lui* demandez pourquoi, *il* ne vous répondra pas ni ne vous l'expliquera. Dieu ne répond pas lorsque vous *lui* demandez pourquoi parce que le fait que vous *lui* posiez la question montre que vous êtes mécontent de son refus.

Vous désirez discuter et Dieu ne se laisse pas entraîner dans une discussion. Il sait que vous ne serez pas plus content de *son* explication, quelle qu'elle soit.

Si Dieu répondait à chacune de vos prières au moment où vous les *lui* faites, il deviendrait votre serviteur et non plus votre maître. Dieu travaillerait pour vous au lieu que vous travailliez pour lui.

Les délais de Dieu ne sont pas des refus. Sa planification est parfaite. Il faut de la patience dans la prière. Certaines gens souffrent plus d'impatience que de doute.

Un homme m'a dit: «Je ne crois plus en la prière.» Après l'avoir écouté, je lui ai dit: «Vous n'avez pas vraiment perdu votre foi en la prière puisque vous continuez à prier. Vous n'avez pas perdu la foi. Vous avez tout simplement perdu patience.»

Les membres les plus anciens de notre église savent que nous épelons le mot *foi*... P-A-T-I-E-N-C-E.

«Confiez-vous en l'Éternel, attendez patiemment, et *il* vous donnera ce que votre coeur désire. Confiez-vous en l'Éternel, attendez avec patience, attendez *sa* réponse avec patience.»

Les prières sincères offertes à Dieu ne meurent jamais. Dieu ne l'oublie pas. Ce sont de petites graines que vous plantez et qui germeront et qui grandiront au moment opportun. Si l'idée n'est pas bonne, Dieu répond *Non.* Si le moment n'est pas le bon, Dieu répond *Lentement.*

3. *Quand vous n'êtes pas ce que vous devriez être, Dieu répond, «Grandis».*

Dieu répond aux prières lorsque les gens y sont prêts. L'ambitieux qui ne monte pas immédiatement au sommet de l'échelle prie souvent pour le succès. Dieu lui répond «Grandis». Quand la puissance vous est donnée trop vite, elle vous corrompt. Si vous n'êtes pas prêt à la recevoir, elle vous nuira.

Avez-vous fait des prières auxquelles Dieu n'a pas répondu? Vous avez peut-être besoin de grandir, vous aussi. Vous heurtez-vous à un problème insoluble? Peut-être avez-vous quelque chose à faire.

Si votre esprit est infesté d'émotions négatives, vous ne suivrez pas le rythme du Dieu de l'univers et votre prière ne sera pas efficace.

J'ai dû un jour affronter une situation troublante dans laquelle un homme détruisait sa femme, son fils et la vie de plusieurs autres personnes. J'essayai de l'aider mais il se retourna contre moi; les paroles de Jésus me vinrent alors à l'esprit: «Ne jetez pas vos perles aux pourceaux, de peur qu'ils ne les foulent aux pieds, ne se retournent et ne vous déchirent.» C'était terrifiant. Je me réveillai au milieu de la nuit, le coeur plein de sentiments négatifs envers cet homme. J'ai réalisé que je ne devais pas avoir une attitude négative envers autrui. Je suis un chrétien. Je suis un disciple du Christ. L'Esprit du Christ doit vivre en moi et de telles pensées négatives ne pouvaient certainement pas faire corps avec l'Esprit du Christ.

Je priai le Christ de me débarrasser de cette attitude négative. Je me voyais comme une voiture au garage prête pour un changement d'huile avec un mécanicien tirant le bouchon pour permettre à toute l'huile sale de s'écouler du moteur. Je sentis mon corps, qui était étendu sur le lit, se surélever. Le Christ vint au-dessous de moi, ouvrit la petite valve au fond de mon coeur et laissa toutes mes pensées négatives et amères s'écouler. Puis *il* me remplit d'un lubrifiant tout neuf, propre et éclatant. La prière a la puissance de vous vider de tout négativisme.

Un jeune administrateur ambitieux avait besoin des conseils d'un pasteur. Il avait l'oeil sur un poste important. Malheureusement, il fut mis de côté et quelqu'un d'autre fut choisi. Il se sentait donc amer, fâché et chagriné.

Voici ce que je lui ai conseillé de faire:

Quand tu te sens amer et fâché, tu ne fais aucun mal à l'administration. Tu te fais du mal à toi-même. Les directeurs s'en vont déjeuner sans savoir que tu restes là à te morfondre. Fais-y face. On t'a refusé une promotion. Tu n'as pas eu le poste que tu pensais mériter et maintenant tu te suicides intérieurement. Est-ce que ça t'apportera une promotion? Non. Au contraire, on s'apercevra de ton attitude négative envers la décision. Tu ne peux pas la cacher. En te voyant réagir ainsi, ils n'auront aucune envie de te donner un poste important, sous aucun prétexte! Ta réaction montre que tu as encore besoin de grandir. Quand tu l'auras fait, ta maturité se verra; alors seulement tu obtiendras ce que tu désires.

Sept ans plus tard, il obtint un poste de directeur dans cette même compagnie.

Avez-vous essayé d'obtenir quelque chose sans y réussir? Vous avez peut-être besoin de changer!

L'égocentrique doit
développer sa générosité
avant que Dieu ne lui dise: «VA.»

L'hésitant doit
développer son courage
avant que Dieu ne lui dise: «VA.»

Le téméraire doit
développer sa prudence
avant que Dieu ne lui dise: «VA.»

Le timide doit
développer sa confiance
avant que Dieu ne lui dise: «VA.»

Celui qui se sous-évalue doit
développer son estime de lui
avant que Dieu ne lui dise: «VA.»

Le dominateur doit
développer sa sensibilité
avant que Dieu ne lui dise: «VA.»

Le critique doit
développer sa tolérance
avant que Dieu ne lui dise: «VA.»

Le négatif doit
développer son attitude positive
avant que Dieu ne lui dise: «VA.»

La personne avide de puissance doit
développer sa bonté et sa gentillesse
avant que Dieu ne lui dise: «VA.»

Celui qui recherche les plaisirs doit
développer sa compassion pour ceux qui souffrent
avant que Dieu ne lui dise: «VA.»

Et l'âme qui ignore Dieu doit
apprendre à adorer Dieu
avant que Dieu ne lui dise: «VA.»

N'oubliez pas: Lorsque l'idée n'est pas bonne, Dieu dit «NON!» Quand ce n'est pas le bon moment, Dieu dit «LENTEMENT!» Quand vous vous trompez, Dieu dit «GRANDIS!»

4. *Lorsque tout est juste, Dieu dit: «VA!»*

Et alors les miracles se produisent! Les barrières tombent! Les montagnes sont conquises! Les problèmes disparaissent et les maux de tête s'évanouissent!

Un alcoolique invétéré est libéré! Un drogué est guéri! Un sceptique retrouve une foi d'enfant! Les tissus malades réagissent aux traitements et la guérison commence!

La porte de votre rêve s'ouvre soudainement et Dieu est là pour dire: «Vas-y!»

Ann Kiemel est une belle jeune fille, mince, sensible et gentille. Elle peut ensorceler un auditoire de grands hommes forts en disant d'une voix douce, mielleuse et féminine: «Bonjour!» Elle sourit et attend! «Mon nom est Ann Kiemel!» Elle sourit encore, tournant la tête en silence pour scruter chaque visage.

«Je ne suis personne!» Elle sourit encore!

Maintenant, elle avance d'un pas, son visage se tend sérieusement et sa voix douce s'élève soudainement puissante quand elle déclare, la tête haute: «Mais je vais changer mon univers! Parce que je crois en un Dieu grand! Regardez et vous verrez!»

Essayez de faire des prières grandes, honnêtes, propres et affirmatives et vous deviendrez la personne que Dieu veut que vous soyez!

12

Voici la personne que vous rêvez d'être

Les principes pour une vie dynamique réussie ont été exposés dans ce livre. Appliquez-les et ils s'appliqueront en votre faveur. Vous pouvez devenir la personne que vous rêvez d'être. Vous pouvez réussir et vous réussirez dans votre métier, dans vos aspirations personnelles, dans votre vie.

En poursuivant vos grands idéaux, n'oubliez pas la personne que vous voulez réellement être. Plus vital que le succès au travail ou dans vos poursuites personnelles est le caractère que vous vous formez en suivant ces principes. À un niveau très profond, vous chercherez à être le genre de personne qui jouit d'une respectabilité intègre. Mon dernier mot contient une promesse et un avertissement. Le mot "avertissement" est un mot positif. ("Menace" est sa contrepartie négative.)

L'avertissement: Ne vendez pas votre respectabilité pour réussir. Vous pourriez gagner une profession mais perdre une personnalité. Jésus a dit: «À quoi sert à l'homme de gagner l'univers s'il perd son âme?»

La promesse: Il y a un moyen d'avancer sans perdre la tête. Vous pouvez réaliser vos rêves et bâtir votre sens des valeurs, non pas le détruire dans le processus.

Vous voudrez toujours être le genre de personne qui peut se regarder dans le miroir sans honte. Vous ne voulez pas seulement être fier de vos accomplissements mais aussi de la façon que vous les avez réalisés. Vous voudrez le respect de vous-même.

Demandez-vous: «Au plus profond de mon être, quel genre de personne suis-je?»

Êtes-vous une personne «Je-je?»

La personne «Je-je» trouve son accomplissement émotif en nourrissant son ego insécure, en satisfaisant ses plaisirs égoïstes, en s'assurant que tout marche à sa façon. Face à des décisions, ce genre de personne se pose des questions comme;

«Qu'y a-t-il pour moi là-dedans?»

«Qu'est-ce que j'en retirerai?»

«Est-ce que ça concorde avec mes plans?»

Peu importe si les autres aiment ça; peu importe si ça sert les autres; peu importe si les autres souffrent.

C'est un individu qui ne partage pas, qui est indifférent, qui ne supporte aucun fardeau. Quelqu'un pleure? Quelqu'un agonise? «Endure! Souffre! J'ai assez de mes problèmes» est sa réponse, au lieu de «Laissez-moi vous aider.» De toute évidence, la majorité des gens tendent à être des personnes «Je-je» par nature.

Il y a quelques années, à Détroit, Michigan, un chauffeur d'autobus fut attaqué par un passager. Alors que l'assaillant costaud frappait le chauffeur sur la tête et lui cassait un bras, les autres passagers, y compris plusieurs hommes, s'écrasèrent lâchement dans leurs sièges. Tous excepté Bernice Kulzco, soixante et onze ans, qui courut dans l'allée, poussa et secoua l'assaillant jusqu'à ce qu'il se sauve, terrifié. Elle fut secouée, elle perdit ses verres, mais elle sauva la situation et fut louangée par les autorités de la compagnie d'autobus et par ses concitoyens. Les autres sont des bons exemples de personnes «Je-je». L'attitude «Je-je» affecte tout le caractère de la personne.

Ça affecte son système de valeurs. «Je veux ce que je veux quand je le veux et comme je le veux», résume son système de valeurs en une phrase égoïste. «Fais ton affaire», dit-elle, «je ferai la mienne.»

Ça façonne sa vie émotive. Elle s'aperçoit vite que la plupart des gens de son entourage ne sont pas sincèrement intéressés à elle. C'est ainsi qu'elle devient inquiète, sur la défensive, tyrannique, soupçonneuse et cynique. Elle cède à un besoin de plaisir frénétique dans un effort névrotique pour ne pas avoir à s'envisager elle-même parce qu'elle n'est pas fière. Ou elle court vers plus de puissance, croyant stupidement que la force et la position amèneront les gens à la regarder. Elle se méprend à croire qu'ainsi, elle se respectera elle-même aussi. Elle apprend trop tard, ou peut-être n'apprendra-t-elle jamais, que la route «Je-je» ne bâtit pas la respectabilité.

Ceci a des effets désastreux dans ses relations interpersonnelles à tous les niveaux. La communication devient un problème constant. Parce qu'elle n'entend que ce qu'elle veut entendre. Elle écoute seulement quand elle soupçonne qu'elle pourrait en retirer quelque chose. La vraie communication implique donner et recevoir. C'est le dialogue. Mais la personne «Je-je» ne peut pas donner alors elle ne peut pas accepter. Parce qu'accepter, c'est toujours donner. Vous devez donner votre humble attention honnête pour accepter un conseil, une critique et des suggestions. Vous devez donner votre intérêt sincère avant d'accepter le fardeau des autres et d'être capable de dire: «Je m'intéresse à toi.»

Vous devez donner votre liberté avant d'être capable d'accepter de vous impliquer dans ces causes valables. Vous devez donner votre temps, votre talent et votre trésor avant de pouvoir accepter des responsabilités.

Une des plus grandes leçons que nous devons apprendre aujourd'hui est que l'humanité est une unité organismique. Nous sommes tous dans le même bateau sur la planète Terre. Ce qui blesse les autres nous blesse aussi finalement. Les êtres humains sont liés intimement sur le vaisseau spatial où nous vivons. S'il se produit une explosion, que vous entendiez la mauvaise nouvelle ou que vous la voyiez à l'écran de télévision, vous serez affligé, fâché, inquiet ou effrayé. Ça vous touche! Vous pouvez manger et être serein mais vous entendrez les gens qui parlent des événements terribles qui se produisent. La communication de masse a aidé l'humanité à réaliser qu'elle est une unité organismique émotionnelle! Que vous le vouliez ou non!

Le magazine *Look* (janvier 1970) résume nos problèmes sociaux par ces mots:

L'individualisme perd tout son sens. Il trouve sa voie dans cette expression: «Je fais mon affaire, l'ami, toi, va au d______», «mon affaire» signifiant habituellement l'argent, le bien matériel, le rang social ou le plaisir frénétique. Le chauffeur du camion de livraison, frustré à force de tourner en rond, stationne dans une ligne de circulation active, barrant le passage avec l'arrière de son camion. Il aurait pu se ranger dans une zone de chargement mais pourquoi se déranger? («Je fais mon *affaire, l'ami.»)* Il se produit un embouteillage. À la deuxième intersection de là, la rue transversale est bloquée. Une rue plus loin, une autre intersection s'emplit et se bouche complètement. Que faire de ce petit problème absolument inutile? «Si un camion barrait ma route, dit l'individualiste robuste, je lui dirais ma façon de penser et s'il ne bougeait pas, je lui montrerais qui est le maître.» «Mais, monsieur, vous êtes à quatre intersection de là. Vous n'avez pas la moindre idée de ce qui cause l'embouteillage. C'est que les trois voitures les plus près du camion sont conduites par des femmes. Peu importe votre robustesse, votre individualisme est impuissant.»*

Les embouteillages de circulation révèlent donc que nos vies sont entrelacées. La scène se joue de mille façons des centaines de fois par jour. Un individu égoïste détourne un avion ou le fait s'écraser en flammes.

Êtes-vous une personne «Je-les»?

Les personnes «Je-les» se lient principalement aux choses. Elles trouvent un contentement émotif dans les choses.

Tu veux du plaisir? Procure-toi quelque chose de nouveau.

Tu t'ennuies? Va magasiner.

Tu te sens coupable? Offre un cadeau.

Tu as peur? Achète-toi un fusil.

Tu souffres d'insécurité? Augmente ton compte d'épargne.

Tu as besoin d'impressionner les gens? Les voitures, les clubs, les réceptions feront ton affaire.

Tu te sens seul? Va au cinéma, au bar ou au motel.

Pour de tels individus, même les gens deviennent des choses et non des personnes ayant de l'espoir, des sentiments, des rêves. Les gens sont des jouets pour s'amuser, des outils à utiliser, des bibelots pour passer le temps, des trésors à acheter ou des déchets à rejeter. Les jouets, les outils, les bibelots, les trésors ou les déchets, tous des objets, des choses.

1. La personne «Je-les» n'est jamais émotivement satisfaite. Elle trouve que les objets rouillent, s'usent, se détériorent, vieillissent ou se démodent. Elle ne découvre probablement jamais que les choses ne nourrissent pas le respect de soi, l'estime de soi à long terme.

2. Son attitude détermine aussi son système de valeurs. Quel est le salaire? Quels sont les bénéfices marginaux? Combien ça coûte? Voici les questions qu'elle pose.

3. Elle ne se sent jamais libre mais constamment à la merci des choses. Repeins-moi, répare-moi, recolle-moi, recouvre, replace, raccommode ou au moins, rafraîchis-moi.

4. Elle n'aime jamais vraiment. «Je t'aime parce que je te veux» ou «Je t'aime parce que j'ai besoin de toi», voilà toute la profondeur de la relation d'amour de la personne «Je-les». Elle ne rejoint jamais les gens en profondeur, par conséquent, elle ne vit jamais véritablement. Comme l'a écrit Martin Buber: «Se rejoindre, c'est vivre.»

Êtes-vous une personne «Je-tu».

Celles qui se rapportent aux autres comme à des êtres humains sont des personnes «Je-tu». Elles considèrent les autres comme des personnes qui ont des rêves, des désirs, des peines et des besoins. Nous progressons tous du niveau animal au niveau humain quand nous devenons des personnes «Je-tu». Cette approche déterminera votre système de valeurs et vos buts. Les décisions seront faciles à prendre. Vous posez encore ces questions: «Est-ce utile?», «Est-ce que ça devrait être fait?», «Est-ce que quelqu'un fait quelque chose?» Nous les écoutons et nous donnons de nous-mêmes. Il y a des gens comme ça.

Quand ils sont déménagés à San Diego, le sergent de marine M.E. Bingham et son épouse Martha ont vu des filles qui se conduisaient comme des *voyous* et qui *traînaient les rues.* Ils ont invité ces filles chez eux pour les sortir de la rue et leur donner quelques conseils. L'idée s'est épanouie en un club bien établi de plusieurs jeunes qui y retournaient pour se rassembler et faire des jeux de société.

À Moro, Illinois, Bob Kruse, trente et un ans, un fermier à demi-temps, fut pris dans une machine à ramasser le maïs et perdit une partie de ses deux jambes. Non seulement ses amis ont-ils amassé douze mille dollars pour lui mais ils ont aussi fait ses récoltes et construit un trottoir, une entrée et un perron de ciment pour sa maison.

À North Bend, Washington, un boulanger et son épouse furent blessés dans un accident de voiture. Les voisins ont dirigé son commerce eux-mêmes. Parmi ceux qui aidaient à vendre des pâtisseries, il y avait un ministre et un entrepreneur de pompes funèbres.

Une veuve de Richfield, Minnesota, a obtenu un toit neuf pour sa maison. Ce toit a été installé par l'organisation Opération Fraternité dont les membres donnent plusieurs heures chaque semaine à la *banque d'entraide* pour aider les gens dans le besoin.

Une fois, deux cent quarante prisonniers de Tucker Prison Farm à Pine Bluff, Arkansas, ont sacrifié chacun le dollar reçu de l'État comme cadeau de Noël pour le donner à vingt-cinq enfants pauvres qui vivaient dans les environs.

Quand une personne «Je-je» ou une personne «Je-les» devient une personne «Je-tu», quels changements se produisent!

La ménagère devient une maîtresse de maison.

Le Seigneur devient un père.

L'amant devient un époux.

L'avocat devient un conseiller.

L'instituteur devient un éducateur.

Le médecin devient un guérisseur.

Le camionneur devient un transporteur de matériaux précieux.

Le vendeur devient un fournisseur de besoins humains.

L'homme d'affaires devient un créateur d'emplois.

Le capitaliste devient un édificateur d'une société meilleure en produisant l'argent.

Le chef religieux devient non pas un propagandiste de doctrine sectaire mais un sauveur d'âmes, un édificateur de foi, un homme inspirant le changement de vie.

Maintenant, voici la question vitale! Croyez-vous vraiment que la nature humaine puisse être changée? Vérifions votre Pensée des Possibilités à ce sujet. Répondez aux questions suivantes par vrai ou faux:

1. Tu ne peux montrer de nouveaux trucs à un vieux chien.

2. Certaines habitudes ne peuvent pas se briser.

3. Est-ce que des personnes "ancrées dans leurs habitudes" peuvent être changées?

4. Le caractère d'une personne est fermement défini à 7 ans? 18 ans? 25 ans? 45 ans? 65 ans?

Pouvez-vous changer la nature humaine? Tout dépend quel juif vous voulez croire.

1. Freud dirait: «Non, vous ne pouvez changer les gens.» Donc, il désespérait de l'humanité. Peu de temps avant de mourir, Sigmund Freud a dit à Viktor Frankel: «Plus j'étudie l'homme, plus je le méprise.»

2. Marx dirait: «Oui. Changez l'environnement économique de l'homme et vous éliminez tous les maux humains.» Donc, les disciples de Freud ne font jamais de bons marxistes.

3. Jésus-Christ dirait: «Non, vous ne pouvez changer définitivement la personnalité en changeant seulement l'environnement. Placez un poirier dans un verger de pom-

miers, il sera toujours un poirier!» Et il dirait aussi: «Oui, vous pouvez changer votre vie en changeant votre façon de penser. Laissez l'Esprit-Saint vous pénétrer et vous serez une personne nouvelle.»

Devenir une personne «Je-tu» demande un changement spirituel profond dans le coeur humain normal.

Alexander Pope priait: «Oh Seigneur, fais de moi un homme meilleur.» Son acolyte disait: «Il serait plus facile de faire de toi un homme nouveau.»

C'est possible. Saint Paul a écrit: «Tout homme qui vit dans le Christ est une créature nouvelle.» Comment ceci se produit-il? «À moins de naître de nouveau, un homme ne peut pas entrer dans le Royaume des Cieux» a dit Jésus. Ne vous laissez pas intimider par le mot *converti*. La photosynthèse est le procédé par lequel l'énergie solaire est utilisée pour *convertir* l'eau et l'air en nourriture pour les plantes. La vie *convertit* la nourriture en énergie; l'énergie en action; le minéral en végétal, le végétal en animal; l'animal en humain et un humain égoïste peut être *converti* en un être semblable au Christ.

Dick Van Dyke est une des vedettes américaines les plus appréciées. Le secret de sa personnalité florissante est peut-être sorti du sac ce fameux soir dans sa maison de l'Arizona quand, avec des invités, ils jouèrent le jeu de: «Qui-j'aimerais-mieux-être». Quelqu'un voulait être Beethoven. Quelqu'un d'autre Horowitz et ainsi de suite. Quand Dick eut son tour, il hésita et gêné mais sincère, il expliqua: «Je ne veux pas paraître idiot mais je préférerais être Jésus-Christ», admit-il.

Des millions d'êtres humains vivant sur terre ont accepté le Christ dans leurs vies et ils ont changé! Ils sont capables d'aimer, sans égoïsme.

Qu'est-ce que l'amour véritable? Voici ma définition: *L'amour est ma décision de faire de ton problème, mon problème.* Un chrétien est vraiment une belle personne.

Il y a quelque temps, je m'envolais vers l'Orient pour accomplir une mission pour les Forces de l'Air des États-Unis. Quand j'ai mis pied à terre après neuf heures de vol au-dessus du Pacifique, le premier à s'avancer pour me serrer la main fut un officier noir avec un aigle sur chaque épaule. Il sourit et dit: «Docteur Schuller, je suis Bill King.»

Le colonel King fut mon hôte sur Okinawa et un des plus remarquables êtres humains que j'ai rencontré de toute ma vie. À la fin de ces quelques jours, alors que nous roulions vers l'aéroport pour mon voyage au Japon, je l'ai remercié pour sa bienveillance, son hospitalité et sa bonté. Il m'a regardé et a dit: «Docteur Schuller, je vous assure que nous ne vous avons pas traité avec égards pour vous impressionner.» Après s'être arrêté à un feu de circulation, il dit: «Nous vous avons bien traité parce que vous êtes un être humain.» Il s'arrêta ensuite pour permettre à des enfants de traverser la rue. Après leur passage, la voiture fonça vers l'avant pendant qu'il disait: «Et il n'y a qu'une façon de traiter un être humain, c'est de première classe!»

Un colonel que j'ai rencontré au Japon m'a dit que lui et Bill King ont visité des parents de Bill à Selma, Alabama, il y a quelques années. Bill venait de recevoir ses aigles et il marchait fièrement avec son uniforme dans les rues de sa ville natale. Tout à coup, deux hommes blancs s'approchèrent de lui, arrachèrent les aigles de ses épaules et les lancèrent sur le trottoir en disant: «Tu es un imposteur. Aucun nègre ne peut être colonel dans les Forces de l'Air américaines.»

Mon nouvel ami dit: «Bill King les a tout simplement ramassés, a souri et a dit: «Bien, je ne suis pas un imposteur et je sais ce que vous pensez de moi mais je veux vous dire quelque chose. Dieu vous aime et je vous aime aussi.» Sur ce, Bill King s'éloigna. Quand nous étions assis dans la voiture, Bill me regarda avec des yeux mouillés, me présenta ses aigles et dit: «Jack, voudrais-tu les rattacher, s'il te plaît?» Je les ai replacés et j'étais fier de le faire!»

Comment pouvez-vous devenir une personne avec laquelle vous pourrez vivre, une personne que vous pourrez aimer? Comment pouvez-vous devenir ambitieux, énergique, constructif et dynamique tout en bâtissant votre respect de vous-même? En devenant une personne «Je-tu». Et vous devenez une personne «Je-tu» en devenant une personne «Je-Lui».

Devenez une personne «Je-Lui»

Unissez-vous au Christ. Laissez *son* Esprit pénétrer votre personnalité. Comme Bill King, vous aimerez les gens; vous monterez aux sommets et ce faisant, vous vous aimerez. Ensuite, véritablement, vous serez la personne que vous voulez vraiment être.

S'AIMER SOI-MÊME
Robert H. Schuller

Introduction de Norman Vincent Peale

«Après avoir lu S'AIMER SOI-MÊME, vous serez animé par l'enthousiasme et la pensée constructive de Robert H. Schuller. Si vous prenez son message au sérieux, des horizons nouveaux s'ouvriront devant vous.»

«Les enseignements précieux contenus dans ce livre peuvent s'appliquer non seulement à votre vie, mais à celle de votre famille, de vos amis et de vos associés.»

En vente chez votre libraire ou à la maison d'édition

Les éditions Un monde différent ltée
3925, Grande-Allée
Saint-Hubert (Québec)
CANADA
J4T 2V8
(514) 656-2660

CHEZ LE MÊME ÉDITEUR

Dans la même collection

Arrêtez d'avoir peur et croyez au succès!, Jean-Guy Leboeuf
Attitude d'un gagnant, Denis Waitley
Attitudes pour être heureux, huit attitudes positives pour transformer votre vie, Robert H. Schuller
Comment se fixer des buts et les atteindre, Jack Addington
Comment contrôler votre temps et votre vie, Alan Lakein
Devenez la personne que vous rêvez d'être, Robert H. Schuller
Lois dynamiques de la prospérité (Les), Catherine Ponder
Magie de voir grand (La), David J. Schwartz
Pensée positive (La), Norman Vincent Peale
Plus grand miracle du monde (Le), Og Mandino
Quand on veut, on peut!, Norman Vincent Peale
Rendez-vous au sommet, Zig Ziglar
S'aimer soi-même, Robert H. Schuller

En vente chez votre libraire ou à la maison d'édition
Prix sujets à changement sans préavis

Si vous désirez obtenir le catalogue de nos parutions,
écrivez-nous à l'adresse suivante:
Les éditions Un monde différent ltée
3925, Grande-Allée
Saint-Hubert (Québec), Canada J4T 2V8
ou composez le (514) 656-2660

imprimerie gagné ltée

IMPRIMÉ AU CANADA